Die Charakterfestigkeit, mit der heilige und spirituelle Frauen für ihren Glauben einstanden und mehr wagten, als zu ihrer Zeit üblich war, machte sie zu ebenso verehrten wie gefürchteten Frauen. Im Klosterleben wirkten sie als Dichterinnen, Malerinnen, Musikerinnen und Lehrerinnen und nahmen Einfluss auf die sie umgebende Welt. Und noch heute vermögen sie als Schutzpatroninnen Kraft, Trost und Beistand zu spenden. Die Faszination, die seit jeher von ihnen ausgeht, schlug sich nicht zuletzt auch in der Kunst nieder, wo sie berühmten Malern immer wieder als Sujet und Inspiration dienten. Antje Southern stellt in dieser reich illustrierten Geschichte vom Mittelalter bis ins 20. Jahrhundert legendäre Märtyrerinnen, Mystikerinnen, Prophetinnen, Denkerinnen und Heilerinnen vor – von der heiligen Maria über Maria Magdalena hin zur heiligen Cäcilia, Teresa von Ávila, Johanna von Orleans u. v. a. –, die berühmte Künstler, wie Giotto, Raffael, Peter Paul Rubens, John Everett Millais, John William Waterhouse u. v. a., in ihren Gemälden unsterblich gemacht haben.

Antje Southern, geboren 1964 in Frankfurt am Main, studierte u. a. Kunstgeschichte in Bonn und London. Sie war am Paul Getty Museum in Los Angeles und im British Museum, London, tätig sowie als Dozentin für Kunstgeschichte am Londoner Auktionshaus Christie's. Sie arbeitet als freie Autorin und lebt mit ihrer Familie in London.

insel taschenbuch 4484
Antje Southern
Spirituelle Frauen

Der im Elisabeth Sandmann Verlag erschienene Originalband wurde
für die Taschenbuchausgabe um einige Porträts aus Antje Southerns Band
Himmlische Frauen (2006) erweitert.

Erste Auflage 2016
insel taschenbuch 4484
Insel Verlag Berlin 2016

Vertrieb durch den Suhrkamp Taschenbuch Verlag

Umschlag, Innenseiten und Satz: Schimmelpenninck.Gestaltung, Berlin
Druck: Friedrich Pustet GmbH & Co. KG,Regensburg
Printed in Germany
ISBN 978-3-458-36184-8

Antje Southern

Spirituelle Frauen

Himmlisch und heilig, schön und rebellisch

Insel Verlag

Inhalt

I

Die Auserwählte:

Maria – Königin des Himmels

Die einfache Magd Maria, die ihren Sohn Jesus jung-
fräulich zur Welt bringt, ist die bedeutendste unter den
heiligen Frauen. Sie ist nicht nur Himmelskönigin,
Beschützerin, Heilerin, Wundertäterin und Schutzpatronin der Gläubigen, sondern auch der Gegenent-
wurf zu Eva, die der Verführung im Paradies nicht
widerstehen konnte. Maria steht für die Überwindung
der Sünde, sie ist das Symbol für Schönheit und Reinheit. Über Jahrhunderte inspirierte ihre Mutterliebe
nicht nur bedeutende Künstler, sondern auch all die-
jenigen, die über den rechten Weg der jungen Mädchen
und Frauen wachten. Marias Tugendhaftigkeit und
Keuschheit boten sich als ideales Vorbild an.

Ognissanti-Madonna
Giotto

Die Freundschaft zwischen dem Maler Giotto und dem Dichter Dante ist legendär. Um den Ruhm des jeweils anderen zu steigern, zitierten sich die beiden kreativen Florentiner im 14. Jahrhundert gegenseitig in ihren berühmtesten Werken. In seinen Fresken im Bargello, dem Florentiner Gefängnis, fügte Giotto das Porträt seines Freundes der Riege der auserwählten Seelen im Paradies hinzu. Dante wiederum begegnet Giotto auf seiner fiktiven Wanderung durch das Fegefeuer in seinem grandiosen Werk *Die Göttliche Komödie*. Darin lobt er seinen Freund, der mit seinen Fähigkeiten den bis dahin gefeierten Künstler Cimabue übertreffe:

> *Als Maler sah man Cimabue blüh'n,*
> *Jetzt sieht man über ihn den Giotto ragen ...*

Giotto und Dante hatten bereits vor fast siebenhundert Jahren verstanden, wie man sich gegenseitig wirkungsvoll bewerben konnte. Dass dieser Effekt Jahrhunderte überdauern würde, konnten sie freilich nicht ahnen.

Ihren Höhepunkt findet Dantes literarische Reise zwischen den Welten in der Begegnung mit der himmlischen Maria. Sie gewährt ihm die Vision Gottes. Mit ihrer exemplarischen Gerechtigkeit, Weisheit und Güte überstrahlt sie die gesamte Menschheit, ohne jedoch in Distanz zu ihren gläubigen Untertanen zu treten. Inspiriert von Dantes Schilderung, malte Giotto die Jungfrau Maria voll Herrlichkeit und Demut. Als Himmelskönigin sitzt sie auf einem kostbar verzierten Thron. Engel halten ihre Kronen und blicken sie verehrend an. Das Jesuskind auf ihrem Schoß, das segnend die Hand erhoben hat, bestätigt ihre hervorragende Stellung: Maria ist die Auserwählte. Giottos Madonna strahlt die Erhabenheit und Würde einer antiken Gottheit aus, deren ikonische, archetypische Qualität vom goldenen Hintergrund der Tafel noch verstärkt wird. Zu ihr blicken alle anderen Heiligen auf und erbitten ihre Gnade und Fürsprache.

Schutzmantelmadonna
Piero della Francesca

Das Gemälde zählt zu den großartigsten und eindrucksvollsten Werken der Renaissance. Einerseits feiert es die überragenden Kräfte Marias und inspiriert den gläubigen Betrachter, sich vorzustellen, wie er Gnade und Barmherzigkeit und Schutz von ihr erbittet. Andererseits ist das Bild ein Paradebeispiel für den kalkulierten Einsatz künstlerischer Mittel.

Piero della Francesca schuf diese amazonenhaft kraftvolle Madonna für die Kirche seines Heimatortes Borgo San Sepolcro, der in der Nähe von Padua liegt. Mit heiterer Gelassenheit breitet Maria im Stehen ihren Mantel über einem Grüppchen privilegierter Männer und Frauen aus, die zu ihren Füßen knien. Um die Statur und Größe der Madonna zu unterstreichen, malte Piero della Francesca ihren Heiligenschein aus der Untersicht. Die Bittsteller, bei denen es sich um die Mitglieder einer karitativen Bruderschaft handelt, die das Altarbild in Auftrag gaben, stellte er im Vergleich zur Gottesmutter halb so groß dar, um die Bedeutung der Maria noch zu erhöhen. Zwischen den weiten Falten des Mantels, einem uralten Symbol des Schutzes, öffnet sich ein realistischer Raum. Er erinnert an die Form einer Kirchenapsis und verleiht den Betenden eine physische Präsenz, die im spannungsreichen Kontrast zu dem mittelalterlichen Goldhintergrund des Tafelbildes steht.

Die sogenannte Schutzmantelmadonna, die unter ihrem Umhang Bittsteller birgt, hat eine lange Bildtradition. Oft wurden diesem Bildtypus, der vor allem im Mittelalter und in der Renaissance populär war, wundersame Kräfte zugeschrieben. Ein solch kraftvolles Abbild der weiblichen Macht und Herrlichkeit vertrug sich jedoch nicht mit den frauenfeindlichen Vorstellungen der Gegenreformation. Zu rebellisch wirkte den Hütern der Kirchenmoral das Bild der *Madonna della Misericordia* – weshalb man den Bildtypus prompt verbot.

Piero della Francesca, um 1420–1492

Schutzmantelmadonna, 1445–1462
Pinacoteca Comunale, Sansepolcro

Madonna della Candeletta
Carlo Crivelli

Dieses prächtige, herrlich dekorierte Tafelbild der Madonna mit Kind gab eine wohlhabende Familie aus der italienischen Provinz in Auftrag. Ursprünglich gehörte es zu einem groß dimensionierten Altarstück im Dom von Camerino, einem Städtchen in den Bergen bei Venedig. Offenkundig wollten die Auftraggeber hier keine Kosten scheuen. Denn die äußerst kunstvolle Wiedergabe feinster Details bei den edelsteinbesetzten Gewändern und die Darstellung der unterschiedlichen Oberflächen der Früchte- und Lorbeergirlanden wird den Maler Carlo Crivelli viel Zeit und viel Farbe gekostet haben.

Inmitten des üppigen, modischen Dekors erscheint die anmutige Maria. Ihr klar konturiertes jugendliches Gesicht blickt nachdenklich. Die fein gezupften Augenbrauen betonen die Symmetrie des Gesichts, die nach unten gerichteten Augen drücken Bescheidenheit aus.

Der gläubige Betrachter konnte in der Madonnendarstellung eine Fülle von Anspielungen auf die heilige Botschaft des Bildes entdecken. So geht ihr streng wirkendes, ovales Gesicht zurück auf ein früheres Madonnengemälde, das sich im 15. Jahrhundert ebenfalls im Dom von Camerino befand und von dem man damals glaubte, der Evangelist Lukas habe es höchstpersönlich gemalt. Die bitter-süßen Früchte wie Pfirsiche und Granatäpfel verweisen auf das Leben von Maria und Jesus. Der vielschichtige Symbolismus des Gemäldes zeigt sich auch in der erloschenen Kerze am Fuß des Thrones. *Candela* heißt Kerze. Sie gab dem Bild den Namen.

Carlo Crivelli, um 1430–1495

Madonna della Candeletta, 1488 (Jahr der Beauftragung)
Pinacoteca di Brera, Mailand

Madonna della Seggiola
Raffael

Wir sehen die junge Maria, wie sie ihr Kind in den Armen hält, das sich bequem in ihren Schoß kuschelt. In diesem kleinen Jungen, der die Stirn gegen ihre Wange geschmiegt hat, spiegeln sich Zufriedenheit und Glück. Sein wehendes, feines Haar und seine weichen Züge kontrastieren mit den fein gemeißelten Gesichtszügen der Mutter, die einem antiken Vorbild zu ähneln scheinen.

Raffael malte die *Madonna della Seggiola* auf dem Höhepunkt seines Schaffens. Er befand sich gerade in Rom, hatte er doch erst kurz zuvor von Papst Julius II. den prestigereichen Auftrag erhalten, dessen Gemächer im Vatikan auszumalen. Die intime Monumentalität dieses Gemäldes, das seine Bezeichnung dem übereck gestellten Sessel, in dem Maria mit dem Christuskind sitzt, verdankt, wirkte unwiderstehlich auf die mächtigsten Kunstsammler des 16. Jahrhunderts: die Medici, die das Bild 1589 von Rom nach Florenz brachten, wo es seither zum Kernbestand ihrer Sammlungen zählte. Die Truppen Napoleons entführten die berühmte Madonna nach Paris, wo sie ab 1797 achtzehn Jahre lang zu sehen war, bevor sie wieder nach Florenz zurückkehrte. Heute kann man sie dort im Palazzo Pitti bewundern.

Warum dieses Bild unzählige Male von nachfolgenden Künstlergenerationen kopiert wurde, scheint nicht verwunderlich, denn der uns zugewandte Blick der Madonna lässt uns nicht

mehr los. Und so wie der kindliche Johannes der Täufer mit ge-
falteten Händen die Heilige Familie anbetet, kann sich auch der
Betrachter der Teilhabe nicht entziehen. Das Gemälde im kreis-
runden Format (Tondo) bestimmt den schönen Rhythmus der
eng ineinander verschlungenen Körper und den eleganten Fluss
der geschwungenen Linien. Gleichzeitig lenkt es unsere ganze
Aufmerksamkeit auf das spirituelle Zentrum, das Jesuskind.

Raffael (Raffaello Sanzio), 1483 – 1520

Madonna della Seggiola, 1514
Palazzo Pitti, Florenz

Verkündigung

Jacopo Pontormo

In einem seiner berühmtesten Werke hält Pontormo genau den Augenblick fest, in dem der Erzengel Gabriel der Jungfrau Maria verkündet, dass sie den Sohn Gottes gebären wird. Inszeniert wird dieser Moment durch das Innehalten der Jungfrau: Gleich wird sie ihren rechten Fuß auf die Stufe setzen, die sie gerade hinaufsteigen wollte. Aber das Zurückschwingen der Gewandfalten deutet darauf hin, dass sie sich soeben zu Gabriel umgewandt hat. Der helle Lichtglanz auf Stirn und Lippen unterstreicht ihren verwunderten Gesichtsausdruck. Der frühchristliche Bischof Nikolaus von Myra deutete ihre Empfindungen so: Maria, mit Engelsvisionen vertraut, war nicht erstaunt über Gabriels Erscheinen, sondern über seine Botschaft. Und so wird es auch im Lukas-Evangelium geschildert: »Sie aber erschrak bei dem Wort und dachte nach, was dieser Gruß bedeutete«, und fragte – Zeichen ihrer Umsicht: »Wie wird dies geschehen, da ich einen Mann nicht erkenne?«

Kühne Farbkombinationen steigern die Spannung der Szene – das tiefe Türkis des Kopftuchs kontrastiert mit dem kastanienbraunen und orangefarbenen Schimmer ihres Haares. Das farbenfrohe Fresko gehört zur Innenausstattung einer kleinen Kapelle, die Pontormo im Auftrag des Florentiner Bankiers Lodovico Capponi 1525 ausmalte. Die Wandmalereien ergänzen die glasierten Keramikfliesen des Bodens sowie die farbigen Glasfenster und unterstreichen so die prunkvolle Originalausstattung der Kapelle. Das Zusammenwirken von gemaltem und wirklichem Licht bot dem Betrachter der Renaissance ein atemberaubendes visuelles Erlebnis.

Jacopo Pontormo, 1494–1557

Verkündigung, 1527/1528
Fresko, Santa Felicità, Cappella Capponi, Florenz

Maria im Gebet
Giovanni Battista Salvi

Der wohlhabende Rompilger des 17. Jahrhunderts hätte ein Vermögen gegeben, um in den Besitz eines solchen Andachtsbildes zu kommen. Zu dieser Zeit war das Thema der Maria im Gebet nämlich besonders populär. Und auch die Propagandisten der Gegenreformation hielten das Sujet zur katholischen Glaubensbildung für besonders geeignet. Giovanni Battista Salvi, genannt Sassoferrato, hatte sich auf die Herstellung intimer Andachtsbilder für den Hausgebrauch spezialisiert und verdiente damit seinen Lebensunterhalt. Um den Anforderungen des lukrativen Marktes nachzukommen, verwandelte der begabte Maler einfache Entwürfe der Volkskunst in anrührende Meisterwerke. Er malte immer wieder dasselbe Motiv, wenngleich mit leichten Variationen: Maria ist ins Gebet vertieft. Sie ist allein, ohne Jesuskind und ohne Anspielung auf ihre Lebensgeschichte in der Bibel. In Sassoferratos Gemälde erscheint Maria sehr schlicht, nur das rote Unterkleid und der weich um sie herumdrapierte blaue Mantel deuten als Attribute auf ihren Heiligenstatus. Der tiefschwarze Hintergrund steigert den Eindruck von Einsamkeit und Konzentration der Figur. Das von oben einfallende Licht wird von ihrem weißen Schleier reflektiert und soll als visuelle Manifestation ihrer spirituellen Erleuchtung gesehen werden. Der jugendliche Teint Marias liegt weitgehend im Schatten, und ihr gesenkter Blick lenkt die Aufmerksamkeit des Betrachters auf den Akt des Betens: ein machtvolles Bild weiblicher Ergebenheit, wie es in vielen sentimentalen Darstellungen noch bis heute nachklingt.

Giovanni Battista Salvi,
genannt Sassoferrato, um 1609–1685

Maria im Gebet, 1640–1650
National Gallery, London

II

Ein Lob auf die Jungfräulichkeit:
Tugendhafte Schönheit

Heilige Frauen waren Schutzpatroninnen für Männer
und Frauen gleichermaßen, und häufig hatten sie
ganz irdische Wünsche zu erfüllen. Ihre Hilfe erbeten
wurde bei Zahnschmerzen ebenso wie bei untreuen
Ehemännern, um nur einige Nöte zu nennen. Auf den
Gemälden sind die Frauen klar an ihren Attributen
erkennbar, die meist auf ihre Märtyrerschaft verweisen.
Die Künstler idealisierten die heiligen Heldinnen in
der Absicht, Mädchen und Frauen zu einem tugendhaften Verhalten anzuleiten. Hilfreich war für die
Identifizierung sicherlich, dass die weiblichen Heiligen
dem jeweiligen Schönheitsideal ihrer Epoche entsprechend dargestellt wurden. Welche Frau wollte nicht
als ebenso schön und rein verehrt werden?

Die Jungfrau Maria unter Jungfrauen

Gerard David

Die Frau ist nicht dazu geschaffen, Jungfrau zu sein, sondern Kinder zu empfangen und zu gebären« – so der Standpunkt des protestantischen Reformators Martin Luther im 16. Jahrhundert. Er fand, dass junge Mädchen ihr Leben im Kloster nur vergeuden würden. Doch im Gegensatz zu Luther, der aus Nonnen Mütter machen wollte, fürchteten viele Frauen nichts mehr, als die Geborgenheit ihrer weiblichen Klostergemeinschaften zu verlassen.

Vor diesem kulturhistorischen Hintergrund hat der Maler Gerard David eine spirituelle Familie heiliger Frauen gemalt, die sich um die zentrale Figur der Madonna mit Kind scharen. Von Engeln gespielte Himmelsmusik erfüllt diese jenseitige Welt, in der junge, anmutige Frauen und beliebte jungfräuliche Märtyrerinnen wie Katharina von Alexandria und die heilige Barbara zu erkennen sind. Auffallend gekleidet, sitzen sie rechts und links von Maria. Auch die heilige Agnes und die heilige

Dorothea befinden sich unter den Jungfrauen. Ihre schicklichen
Posen und die nach unten blickenden Augen betonen sowohl ihr
keusches Benehmen wie ihre Charakterstärke. Bilder dieses
Typs waren in Deutschland und den Niederlanden im 15. und frühen 16. Jahrhundert sehr gefragt. Gerard David malte sein Altarbild 1509 für die Kirche der Karmeliterinnen, einen Bettelorden
in Brügge. In der ruhigen, kontemplativen Stimmung spiegelt sich
das klösterliche Schweige- und Betgelübde, das die Schwestern
leisten mussten. Lesen sollte das rechte Gebet unterstützen, daher
halten die drei berühmten Heiligen Stundenbücher in den Händen. Doch unter all die Frauen hat sich ein Mann gemischt. Es ist
der Maler selbst, der sich gemeinsam mit seiner Frau (in weißer
Kopfbedeckung auf der gegenüberliegenden Seite) im Bildhintergrund verewigt hat.

Gerard David, ca. 1460–1523

Die Jungfrau Maria unter Jungfrauen, 1509
Musée des Beaux-Arts, Rouen

Madonna mit Kind und den Heiligen Katharina, Margareta, Dorothea und Barbara

Lucas Cranach d.Ä.

In einer pittoresken Landschaft werden die winzigen Putten im Bildhintergrund zu Zeugen dieser bezaubernden Szene. Das kleine Tafelbild war für eine deutsche Adlige bestimmt und zeigt eine Gruppe von weiblichen Heiligen, die das Jesuskind auf dem Schoß von Maria anbeten. Es handelt sich um die vier Virgines Capitales, jene Jungfrauen, die das höchste Ansehen unter den weiblichen Heiligen besitzen. Die heilige Katharina von Alexandria, an Schwert und Rad erkennbar, ist im Begriff, einen Ring als Symbol ihrer spirituellen Vermählung mit dem Jesuskind entgegenzunehmen. Der hochgebildeten Königstochter war im Traum das Jesuskind erschienen, worauf die bildliche Szene Bezug nimmt. Hinter ihr steht Margareta von Antiochia, in Begleitung des Drachen, der sie der Legende nach verschluckt haben soll. Auf der anderen Seite sind Dorothea und Barbara mit ihren Attributen zu sehen.

Lucas Cranach d. Ä., 1472–1553

Madonna mit Kind und den Heiligen Katharina,
Margareta, Dorothea und Barbara, 1516
Museum der bildenden Künste, Budapest

Die luxuriöse Kleidung und die Frisuren der Märtyrerinnen entsprechen der höfischen sächsischen Mode des frühen
16. Jahrhunderts, wodurch den adligen Fräulein und Damen
der Zeit ermöglicht wurde, sich mit den verehrten Heiligen
zu identifizieren. Die schönen Jungfrauen sahen aus, wie man
bei Hofe selbst erscheinen wollte.

Doch unabhängig von ihren Vorbildfunktionen, erhoffte
man sich von den Heiligen Schutz und versicherte sich in der
Fürbitte gegen allerlei Gefahren. So glaubte man, dass die heilige
Barbara als Patronin in der Sterbestunde bei plötzlichem Tod
die Sterbesakramente spendete. Die heilige Dorothea wiederum
bewahrte vor Armut, während die heilige Katharina die Schutzpatronin junger Mädchen war. Als besonders wichtig für weibliche Belange galt die heilige Margareta, sie wurde um Hilfe bei
Empfängnis und Geburt gesunder Kinder angerufen.

Maria ist derjenige Mensch,
der wie kein anderer
ihren Sohn kennt, sie ist berufen,
Mutter der Menschen zu sein.

VON THÉRÈSE VON LISIEUX

Heilige Mutterschaft
Thomas Cooper Gotch

Thomas Cooper Gotch besuchte im 19. Jahrhundert wie viele seiner englischen Landsleute Florenz. Neben der Schönheit der Stadt bewunderte er die Fülle an Renaissancemalerei. Ganz offenkundig haben ihn jene Darstellungen, die die thronende Madonna mit Kind zwischen Heiligen und Engeln zeigen, zu seinem 1902 entstandenen Bild inspiriert.

Die klare und schlichte Komposition, der fein ausgearbeitete Goldhintergrund, die reichen Farben und die Aufmerksamkeit für prächtige Seiden- und Samtstoffe erinnern an das gängige Repertoire religiöser Kunstwerke. Statt musizierender Engel und einer sittsam-unschuldigen Jungfrau malte Cooper Gotch jedoch eine selbstbewusste Maria mit eindeutig weltlicher Prägung. In einer Zeit rascher sozialer und wirtschaftlicher Umbrüche suchten viele Künstler um die Jahrhundertwende nach neuen Ausdrucksmitteln. Gotch entschied sich bewusst dafür, traditionelle Werte in Anlehnung an den Stil der alten Meister zu schildern. Er schlug dabei jedoch eine neue Richtung, nämlich die des gerade aktuellen Symbolismus, ein und stellte mit seinen Bildern eine Nähe zur Kunst der Präraffaeliten her.

Thomas Cooper Gotch, 1854–1931

Heilige Mutterschaft, 1902
Laing Art Gallery (Tyne and Wear Museums),
Newcastle upon Tyne

III

Zum Äußersten bereit:

Märtyrerinnen und Rebellinnen

Wenn Männer ihren Willen nicht bekamen, weil sich die Frauen widersetzten, so mussten diese Frauen bis in die frühe Neuzeit hinein sterben. Dass die Frauen aber unbarmherzigen Kaisern, strengen Vätern und grausamen Verführern stolz trotzten und lieber in den Tod gingen, als sich zu unterwerfen, zeigt sie als starkes, unbeugsames Geschlecht. Wenn man zudem noch fünfzig kluge Philosophen zum Christentum bekehren kann, die eigentlich geschickt wurden, um die eigensinnige Katharina von ihrem Glauben abzubringen, darf man großes rhetorisches Geschick vermuten. Die heiligen Frauen, die als Märtyrerinnen qualvoll starben, gaben sich klug, spirituell, widerstandsfähig, barmherzig und rebellisch. Kein Wunder also, dass man sie so verehrte.

Heilige Lucia
Francesco del Cossa

Immer gut für eine Schlagzeile war der zigarrenrauchende englische Gentleman Joseph Duveen, der als spektakulärste und einflussreichste Figur im transatlantischen Kunsthandel das Bild der heiligen Lucia im Jahr 1936 an den amerikanischen Philanthropen Samuel H. Kress verkaufte. Kress glaubte an die moralische Kraft großer Kunst und sorgte mit seinen Ankäufen dafür, Meisterwerke der italienischen Renaissance in die auf diesem Gebiet noch unbedarfte amerikanische Gesellschaft einzuführen. Die *Heilige Lucia* gehörte zu einem umfangreichen Teil seiner Kunstsammlung, die er später als einer der Gründungsstifter der National Gallery of Art in Washington übergab. Er hatte das Bild zu einer Zeit erworben, als die Symbolik der Surrealisten Erfolge feierte. Und so traf das wie Blüten aus dem Stängel austreibende zweite Augenpaar der heiligen Lucia genau den Geschmack der Zeit.

Francesco del Cossa, ca. 1435–1477

Heilige Lucia, um 1473/1474
National Gallery of Art, Washington

Einer bizarren Episode aus ihrem Leben zufolge ärgerte sich Lucia so sehr darüber, dass ihr Verlobter die Schönheit ihrer Augen rühmte, dass sie sich die Augen ausriss und ihm diese mit der Nachricht überbringen ließ, ihr himmlischer Bräutigam Jesus bedürfe der Augen des Fleisches nicht. Andere Szenen wirken ebenso außergewöhnlich: Nachdem ihre Mutter auf wundersame Weise am Grab der heiligen Agatha geheilt worden war, widmete sich Lucia der sozialen Fürsorge und verteilte ihre Reichtümer an die Ärmsten der Armen. Ihre vorbildliche Standhaftigkeit beweisen mehrere Prüfungen, die sie unbeschadet überstand: Als sie an ein Ochsengespann gebunden wurde, das sie zu einem Dirnenhaus schleifen sollte, konnten die Tiere sie nicht von der Stelle bewegen. Und auch geschmolzenes Blei, das man über sie goss, konnte sie nicht verbrennen. Mit großer Kunstfertigkeit erfasst Cossa Lucias eigenwillige Persönlichkeit: Den Kopf hat sie kokett geneigt, die hoch gewölbten Augenbrauen sind fein gezupft. Nur ein Seitenblick wird uns gewährt – die Schönheit ihrer Augen dürfen wir nicht sehen. Der Name der Heiligen bedeutet »Licht«, und ihre Verehrung geht ursprünglich auf einen heidnischen Kult zurück.

Bildnis einer jungen Frau als heilige Agatha

Giovanni Cariani

D as Attribut der heiligen Agatha springt sofort ins Auge:
Zwei zarte Brüste werden in einer hauchdünnen Glas-
schale, die auf einem antiken Fundstück mit Reliefschmuck
ruht, zur Schau gestellt.

Die Geschichte des Martyriums der heiligen Agatha ist besonders grauenvoll. Der Legende nach sollen ihre Brüste abge-
schnitten und Agatha bei lebendigem Leib verbrannt worden sein,
nachdem sie sich nicht vom römischen Statthalter Quintianus
verführen lassen wollte. Als ihr der Apostel Petrus in einer Vision
erschien, lehnte sie die Heilung ihrer Wunden ab und nahm
das Martyrium an. Ihren Tod begleitete ein Vulkanausbruch des
Ätna, dessen Lavastrom durch den Deckel des Sarkophags aufge-
halten wurde. Agatha ist daher nicht nur Patronin bei Brust-
erkrankungen, sondern auch gegen Feuergefahr. Ihre Geschichte
ist ein prägnantes Beispiel dafür, wie sich Jungfräulichkeit
und Martyrium wechselseitig zu bedingen scheinen. Wie in

Giovanni Cariani, ca. 1490–1547

Bildnis einer jungen Frau als heilige Agatha, 1516
National Gallery of Scotland, Edinburgh

vielen anderen Legenden heiliger Märtyrerinnen wird Agathas
Körper von Gewalt bedroht, als sie sich ihre Unschuld bewahren
möchte. Die so häufig auftretenden Schilderungen von Frauen,
die für ihre Standhaftigkeit körperlich verstümmelt wurden,
belegen, wie groß die Angst der Kirche vor sexuellen Sünden (der
Frauen) war. Die wichtigste Tugend für Mädchen war und blieb
daher die Keuschheit und für Frauen die unverbrüchliche Treue.
Die Brüste verweisen auf ihre unbefleckte Jungfräulichkeit, und
dies war der Grund für den venezianischen Maler Cariani, das
Attribut der abgeschnittenen Brüste in seinem Porträt der jungen
Frau hervorzuheben. Wir sehen, wie die Hand des Modells
sanft eine der auf der Schale liegenden Brüste berührt. Bedenkt
man die Freude der venezianischen Maler an visuellen Anspielungen, so sollte dieses Detail der taktilen Wahrnehmung
wahrscheinlich einen provokativen Kitzel bei den männlichen Betrachtern des Gemäldes hervorrufen.

Heilige Katharina

Lorenzo Lotto

Welche Frau kann schon von sich behaupten, dass sie fünfzig Philosophen bekehrt habe, die eigentlich angetreten waren, sie von ihrem Irrglauben abzubringen? Kein Wunder also, dass die ungeheuer kluge Katharina von Alexandria, eine Königstochter von Zypern, zu den beliebtesten weiblichen Heiligen gehört. Ihr rotes Gewand, das durch den grünen Umhang umso leuchtender erscheint, unterstreicht ihre Präsenz. Ihre Hand ruht auf den Resten eines zerbrochenen Holzrads, das mit klauenartig hervorstehenden, scharfen Stacheln besetzt ist. Als Katharina auf diesem Rad gefoltert wurde, nachdem sie unter Kaiser Maxentius nicht dem Christentum entsagen wollte, zerbrach es durch göttliche Fügung.

Lorenzo Lotto wurde schon zu seinen Lebzeiten für eindringliche Porträts und Charakterstudien gerühmt. Obwohl er nicht wissen konnte, wie die heilige Katharina aussah, stellte er sie in seinem Gemälde äußerst lebensnah dar und erfasste einfühlsam ihre starke Persönlichkeit. Die kostbare Kleidung und die Perlenkrone verweisen auf ihre Zugehörigkeit zu einer privilegierten, vornehmen Familie. Der Ring an ihrem Finger zeigt sie als Braut Christi. Katharina verfügte über rhetorisches Geschick und Gelehrsamkeit, wie sonst hätte sie die fünfzig weisen Männer zum Christentum bekehren können. Als Zeichen der Bereitschaft, für ihren Glauben in den Tod zu gehen, hält sie die Märtyrerpalme. Dieses Bild frommer Schönheit wurde durch die Jahrhunderte bewundert und befand sich, bevor es nach Washington kam, in renommierten Kunstsammlungen in Lissabon, München und Sankt Petersburg.

Lorenzo Lotto, 1480–1557

Heilige Katharina, 1522
National Gallery of Art,
Samuel H. Kress Collection, Washington

Heilige Margareta von Antiochia
Francisco de Zurbarán

Der Teufel, der häufig in Gestalt eines furchterregenden Drachens erscheint, zeigte sich der heiligen Margareta, nachdem sie den Heiratsantrag des Präfekten von Antiochia zurückgewiesen hatte und deshalb ins Gefängnis geworfen worden war. Der Drache verschlang sie mit Haut und Haaren. Doch das Kreuz, das sie in der Hand hielt, kitzelte ihn so sehr in seiner Kehle, dass er sie unversehrt wieder ausspuckte.

Auf de Zurbaráns Gemälde sehen wir Margaretas bloßen linken Fuß fest auf dem Boden stehen, sein weiches weißes Fleisch bildet einen Kontrast zu den lederartigen Klauen des bezwungenen Ungeheuers neben ihr. Mit einem herausfordernden Blick aus leicht zusammengekniffenen Augen tritt sie dem Betrachter in entschiedener Haltung gegenüber. Zurbaráns unmittelbarer Naturalismus bringt die leidenschaftliche Spiritualität des Zeitalters zum Ausdruck. Er stellte die heilige Margareta als willensstarke, standhafte Frau mit Hirtenstab und einer *alforja*, der traditionellen spanischen Packtasche, dar, um auf ihr Leben als Schäferin zu verweisen.

Vor ihrer Enthauptung hatte Margareta versprochen, dass alle Menschen, die sie auf dem Sterbebett anrufen, dem Teufel entkommen. Der Überlieferung nach soll auch allen, die Kirchen auf ihren Namen weihen oder Kerzen ihr zu Ehren anzünden, alles Nützliche gewährt werden, um das sie beten. Vor allem Schwangere riefen die Heilige an, um sich einer gesunden Geburt zu versichern. Diese ihr nachgesagten Kräfte verschafften der standhaften Frau eine umfangreiche Anhängerschaft. Gemeinsam mit Katharina und Barbara zählte sie jahrhundertelang zu den beliebtesten Heiligen in der Kunst und im Volksglauben. Zweifel an der historischen Gestalt der Margareta von Antiochia führten im 20. Jahrhundert jedoch zu ihrem Ausschluss aus dem Kirchenkalender.

*Das Leben besteht aus
kleinen Handlungen,
die Tugend aus kleinen Siegen.*

von KATHARINA VON SIENA

Bildnis einer jungen Frau als heilige Agnes
Gonzales Coques

So sanft wie ein Lämmchen – gar ein Unschuldslamm? Selbstsicher posiert die junge Frau in ihrem eleganten, tief ausgeschnittenen Abendkleid vor einem kunstvollen Barockportikus. Mit ihrem gewinnenden Lächeln und einem Gesichtsausdruck, der einen lebhaften Geist verrät, wirkt sie im Gegensatz zu dem Lamm an ihrer Seite alles andere als scheu. Das Lamm ist eine Anspielung auf jenes weiße Lamm, das den Eltern der heiligen Agnes acht Tage nach ihrem Märtyrertod erschienen war.

Durch ihre legendäre Entschlossenheit, sich die Unschuld zu bewahren – auch Agnes wehrte sich gegen eine Verheiratung mit einem Ungläubigen –, übernahm sie im Mittelalter eine wichtige Vorbildfunktion für keusches Benehmen und wird seither als Schutzpatronin der jungen Mädchen (und ihrer Jungfräulichkeit) verehrt. Amüsante Episoden aus ihrer Lebensgeschichte berichten, wie sie als junges Mädchen beschloss, nicht zu heiraten und sich stattdessen Gott zu weihen. Ein abgewiesener Verehrer ließ sie in ein Dirnenhaus werfen, um ihr Gelübde der Jungfräulichkeit zu verhöhnen. Doch Wunder geschahen: Ein Mann, der sie nackt sah, wurde geblendet, woraufhin sie alle Anwesenden des Bordells zu Christen bekehrte. Das Lamm ist Symbol für Unschuld und Reinheit, und so weben die Nonnen im Kloster Santa Cecilia in Rom heute noch aus der Wolle von weißen Lämmern, die am Gedenktag der heiligen Agnes gesegnet wurden, das Pallium, eine Art Stola, die Teil der päpstlichen und erzbischöflichen Amtskleidung ist.

Das auf Silber gemalte kleine Bildnis der koketten jungen
Frau wurde wahrscheinlich bei dem spanischen Maler Coques
als Andenken an eine Geliebte in Auftrag gegeben. Ein zeitgenös-
sischer Betrachter hat die Doppeldeutigkeit zwischen dem
porträtierten Modell und dem tugendhaften Vorbild sofort verstanden.

Gonzales Coques, ca. 1615–1684

Bildnis einer jungen Frau als heilige Agnes, um 1680
National Gallery, London

Heilige Barbara
Friedrich Wilhelm von Schadow

Sich dem eigenen Vater zu widersetzen lässt auf eine mutige, charakterstarke Person schließen, und als solche schildert Christine de Pizan in ihrem *Buch von der Stadt der Frauen*, das sie 1405 verfasste, auch die schöne und kluge Barbara:»Wegen ihrer Schönheit ließ ihr Vater sie in einem Turm einsperren ... [Er] bemühte sich um eine adelige Eheschließung für sie, aber sie wies lange alle Angebote zurück. Schließlich bekannte sie sich zum Christentum und weihte ihre Jungfräulichkeit Gott. Daher versuchte ihr Vater, sie zu töten, doch sie konnte entkommen und fliehen. Ihr Vater verfolgte sie, um sie hinrichten zu lassen, und als er sie schließlich fand, brachte er sie vor den Präfekten. Dieser befahl ihre Hinrichtung unter qualvoller Folterung.«

Pizan, eine der ersten»feministischen« Schriftstellerinnen, befasste sich mit der Lebensgeschichte der heiligen Barbara, deren Ungehorsam gegenüber der väterlichen Autorität auch für die Frauen des 15. Jahrhunderts beeindruckend war. Barbara soll im 3. Jahrhundert in Kleinasien gelebt haben. Der Legende nach wurde sie vom eigenen Vater angeklagt; er soll sie auch

Friedrich Wilhelm von Schadow, 1788–1862

Heilige Barbara, 1844
Clemens Sels Museum Neuss

selbst enthauptet haben, woraufhin ihn der Blitz traf. Da ihr als Fürsprecherin große Kräfte zugeschrieben wurden, rief man sie bei drohender Gefahr an, etwa bei Blitz und Sturm, oder bat sie um Beistand für Sterbende. Ihr Attribut, der Turm, machte sie zur geeigneten Schutzpatronin der Bauleute, einschließlich Architekten, Ingenieure, Steinmetze und Mathematiker, aber auch des Bergbaus – bei ihrer Flucht hatte sich ein Felsen schützend geöffnet. Aufgrund der Wortverwandtschaft mit ihrem Namen ist die heilige Barbara zudem Patronin der Barbiere. Von Schadows Bildnis, das mit allen Attributen der heiligen Barbara aufwartet – Märtyrerpalme, Schwert, Kelch, Oblate sowie der Turm –, wirkt süßlich fromm. Der romantische Maler und katholische Konvertit Friedrich Wilhelm von Schadow hatte sich große religiöse Meisterwerke wie die des italienischen Renaissancemalers Raffael zum Vorbild genommen und hoffte auf eine Erneuerung der christlichen Überzeugungen und Werte durch die Kunst.

Heilige Teresa von Ávila
François Gérard

Teresa von Ávila widmete sich einem Leben äußerster Enthaltsamkeit. Sie trug keine Schuhe, und ihre Nonnen durften nicht betteln, sondern waren allein von freiwilligen Spenden abhängig. Die barfüßige Nonne aus Spanien war eine streitsüchtige, zutiefst fromme Asketin. Mit gewieftem Geschäftssinn reformierte sie den Karmeliterorden, dem sie mit achtzehn Jahren beigetreten war, und wurde daraufhin Schutzheilige vieler geistlicher Einrichtungen. Ihr entsagungsvolles Leben und ihre spirituellen Schriften, die auf ihren persönlichen Ekstaseerfahrungen basierten, aber auch auf den von ihr überwundenen schweren Krankheiten, brachten Teresa von Ávila die Hochachtung von Fürsten und die Bewunderung einfacher Leute ein. François Gérard malte diese ungewöhnliche Persönlichkeit mit einem starren und durchdringenden Blick. Die Intensität dieses Blickes lässt vermuten, dass sie im Gebet entrückt ist.

Das Gemälde hängt noch heute an seinem ursprünglichen Ausstellungsort in der Kapelle der Infirmerie Marie-Thérèse in Paris. Diese karitative Einrichtung war von Céleste de Chateaubriand nach der Französischen Revolution für verarmte und Not leidende Edelfrauen und Priester gegründet worden. Die mit dem Schriftsteller und Politiker verheiratete Gründerin benannte das Institut nach ihrer engen Freundin Marie-Thérèse, der Gemahlin des zukünftigen französischen Königs Karl X. Dementsprechend wurde die Namensheilige der Prinzessin, die heilige Teresa von Ávila, zur Schutzpatronin des Spitals. Gérards außergewöhnliche Darstellung der visionären Heiligen als hypnotische, aber jugendlich schöne Frau sprach das romantische Empfinden des 19. Jahrhunderts an, in dem transzendente Erfahrungen, Leidenschaften und die inneren Kämpfe des Individuums zu einem großen Thema wurden.

François Gérard, 1770–1837

Heilige Teresa von Ávila, 1827
Infirmerie Marie-Thérèse, Paris

Die junge Märtyrerin
Paul Delaroche

Wenn die Keuschheit in Gefahr war, zählte Ertrinken über viele Jahrhunderte zu einem äußerst angemessenen Tod. Und noch im 19. Jahrhundert stellten führende männliche Sexualforscher fest, dass »gefallene Frauen« den Tod im Wasser als effizienteste Selbstmordmethode bevorzugten.

Ein goldener Heiligenschein schwebt über Delaroches schöner Wasserleiche, die im Tiber treibt und an das Schicksal frühchristlicher Märtyrerinnen erinnert. Das hier geschilderte Unglück hätte sich unter der Herrschaft des römischen Kaisers Diokletian ereignen können. Denn unter seiner Regentschaft, die auch als Märtyrerära umschrieben wird, fanden die letzten großen Christenverfolgungen im Römischen Reich statt.

Die Legenden der frühchristlichen Märtyrerinnen folgen alle einem ähnlichen Muster: Jungfrauen von strahlender Schönheit weisen ihre männlichen Freier zurück, um Christus treu zu bleiben. Schwören sie der christlichen Religion nicht ab, werden sie gefoltert und hingerichtet.

Der viktorianische Betrachter sah in Delaroches melodramatischer Version, die mit vielen erotischen Reizen gespickt ist, nicht nur eine Tote im Wasser, sondern auch eine Anspielung auf die weibliche Selbstopferung, die in der Dichtung und Literatur jener Zeit äußerst beliebt war. Frauen und junge Mädchen, die aus Liebeskummer oder weil sie ihre Unschuld verloren hatten, ins Wasser gingen, waren das große Thema. Und so fand auch Delaroches Gemälde einer ertrunkenen Heiligen, das an das berühmte Gemälde *Ophelia* von John Everett Millais (1851/1852) erinnert, große Resonanz beim englischen Publikum.

(Hippolyte) Paul Delaroche, 1797–1856

Die junge Märtyrerin, 1855
Louvre, Paris

Die Märtyrerin des Solway
John Everett Millais

Die Präraffaeliten, jene Künstler, die sich in England auf die Zeit vor Raffael bezogen, fanden vor allem rothaarige Frauen unwiderstehlich. Geschürt wurde die Faszination der Maler durch Klischees, die Rothaarige als gefährlich, unmoralisch, verführerisch, eigenwillig und unbezähmbar beschrieben. Also wählte John Everett Millais für sein Bildnis der schottischen Märtyrerin Margaret Wilson ein Modell mit lodernd rotem Haar. Dieser mit Stereotypen behaftete Frauentyp passte wunderbar zu der ungehorsamen, einsamen Heldin des 17. Jahrhunderts. Die Märtyrerin ist an die Uferfelsen der schottischen Küste gekettet und erwartet den sicheren Tod. Sie war angeklagt worden, weil sie die etablierte schottische Kirche nicht akzeptierte. Ihre Strafe: Hinrichtung durch Ertrinken. Der Legende nach soll Margaret gebetet haben, während die Flut stieg. Dabei sollen ihre Haare im Wasser einen Heiligenschein gebildet haben. Millais steigert die Spannung der Szene, indem er den Hintergrund – schwarzer Sturmhimmel und raue See – mit kraftvollen, freien Pinselstrichen malte. Im Angesicht ihres nahenden Todes wirkt Margaret Wilson ruhig und gesammelt. Sie demonstriert unbeugsamen Widerstand und strahlt eine starke verführerische Anziehungskraft aus.

Ursprünglich hatte John Everett Millais die Märtyrerin mit entblößten Brüsten gemalt, um ihre Verwundbarkeit zu zeigen – sicher aber nicht nur diese. Damit verstieß er jedoch gegen die prüde viktorianische Moral. Der Lieblingsmaler des viktorianischen Establishments wurde daher gebeten, sie mit seinem Pinsel in Kleider zu hüllen. An Margarets erotischer Ausstrahlung konnte dies jedoch nichts ändern.

John Everett Millais, 1829–1896

Die Märtyrerin des Solway, 1871
Walker Art Gallery, National Museums, Liverpool

IV

Von der Sünderin zur Heiligen:
Maria Magdalena

Papst Gregor I. erklärte Maria Magdalena im Jahr 591 zur
Hure, und seit dieser Zeit ist diese erste Apostolin, die
vermutlich die wichtigste Frau an der Seite Jesu war, zum
Inbegriff von Sündhaftigkeit und Laster geworden. Ihre
angebliche emotionale Wandlung von der Luxusfrau
zur reuigen Büßerin hat Künstler über Jahrhunderte zu
vielschichtigen Deutungen des Weiblichen inspiriert.
Wie anders sich die Kirchengeschichte – und die Kunstgeschichte – entwickelt hätte, wäre Maria Magdalena
als Anwärterin auf das höchste Apostelamt bestätigt
worden, lässt sich erahnen… Der erste Papst jedenfalls
war ein Mann.

Heilige Maria Magdalena
Rogier van der Weyden

Eine winzige Träne rinnt die Wange der Frau herab, »die ganz verstanden hatte«. Frühchristliche Schriften rühmen Maria Magdalena als kenntnisreiche und weise Frau. Rogier van der Weyden malte ihr Gesicht atemberaubend schön. Es strahlt große Ruhe und Selbstsicherheit aus. Maria Magdalena erkannte als Erste den auferstandenen Christus und verkündete, dass er lebt. Im Mittelalter wurde sie im Christentum wie ein Apostel verehrt und galt als zentrale Figur der jungen Christengemeinde. Ein Alabastergefäß ist ihr Attribut und erinnert an ihre Nähe zu Jesus. Die Inschrift am oberen Bildrand bezieht sich auf ein Ereignis, das in der Bibel geschildert wird: Mit einem kostbaren Balsam aus dem Gefäß salbte sie die Füße Jesu, nachdem sie diese mit ihren Tränen benetzt und mit ihrem Haar getrocknet hatte. Rogier van der Weyden bedeckte Maria Magdalenas langes, gelocktes Haar mit einem auffallenden Hut. Die flämische Mode der Zeit bevorzugte kunstvolle Kopfbedeckungen für verheiratete und verwitwete Frauen.

Rogier van der Weyden, um 1400–1464

Heilige Maria Magdalena, um 1450
Louvre, Paris

Maria Magdalena trägt die Kleidung einer wohlhabenden Bürgerin von Tournai. Ganz ähnlich hat sich wohl auch Catherine von Brabant gekleidet, die das Altarbild in Auftrag gab. Das eng anliegende Korselett unterstreicht ihre zarte weibliche Figur. Die heilige Maria Magdalena strahlt eine unwiderstehliche Mischung aus ernster Nachdenklichkeit und stolzer Schönheit aus. Mit einem großen Gespür für die Wirkung ihrer Erscheinung stellte Rogier van der Weyden die historische Figur dar. Im Hintergrund erkennen wir eine ausgedehnte Landschaft mit kleinen Figuren, Flüssen, imaginären Städten und Bergen. Sie bietet einen Ausblick in die Welt und gibt uns eine Vorstellung von der weitreichenden Bedeutung, dem Einfluss und dem hohen Ansehen der Maria Magdalena.

Madonna mit Kind zwischen den Heiligen Katharina und Maria Magdalena

Giovanni Bellini

Gesten sind stumm, aber sagen so viel wie Worte. Gesten geben Gedanken preis und lügen nicht. Maria Magdalena – im Bild rechts zu sehen – hat ihre Hände als Zeichen des Gebets vor der Brust gekreuzt. Sie besinnt sich. Ihr Gesichtsausdruck ist nachdenklich und zeugt von kluger Beobachtungsgabe. Sie wirkt gedankenverloren und nach innen gewandt im Gegensatz zur heiligen Katharina von Alexandria auf der linken Seite, die das Jesuskind anbetet und für das tätige Leben und das Gemeindeleben steht. Aus der Tiefe des undefinierten Hintergrunds treten die beiden Gefährtinnen links und rechts von der Maria hervor. Durch ein diffus den Bildraum erhellendes Licht erscheinen ihre Körper in warmen Farben. Die Atmosphäre des Bildes erinnert an die Lichtstimmung der Dämmerung. Der Betrachter wird Zeuge einer stummen Andacht unter heiligen Frauen. Sie wurden verehrt für ihr intuitives und intimes Wissen um die göttliche

Offenbarung. Wir sehen einen Bildtypus, der unter der Bezeichnung Sacra Conversazione in der Kunst des 14. bis 16. Jahrhunderts sehr verbreitet war. Verstanden wird darunter nicht ein heiliges Gespräch, sondern eine andächtige Versammlung von Heiligen im Beisein von Maria. Andachtsbilder und Sacra Conversazione bilden den Schwerpunkt in Bellinis Werk, in dessen Bildern eine große emotionale Nähe zwischen Maria und dem Jesuskind hergestellt wird. Diese intensive Nähe ist auch in diesem Detail spürbar.

Giovanni Bellini, um 1430 – 1516

Madonna mit Kind zwischen den
Heiligen Katharina und Maria Magdalena, um 1490
Gallerie dell'Accademia, Venedig

Maria Magdalena
Tizian

Zwei der berühmtesten Persönlichkeiten der Renaissance sicherten sich bei Tizian eine Version seiner büßenden Maria Magdalena: die italienische Dichterin Vittoria Colonna, die mit Michelangelo, dem Literaten Ariost und vielen anderen bedeutenden Künstlern und Intellektuellen verkehrte, und König Philipp II. von Spanien, der als der »düstere König« in die Geschichte einging. Beide Käufer waren jedoch nicht nur angetan von der Schönheit der gänzlich unbekleideten Heiligen. Sie waren vor allem fasziniert davon, wie Tizian die religiöse Ergebenheit und Reue der Jüngerin Jesu zur Darstellung gebracht hatte. Der Legende nach war Maria Magdalena nach dem Tod Jesu in einem Boot ohne Steuerruder auf dem Mittelmeer ausgesetzt und in Südfrankreich an Land gespült worden. Nachdem sie einige Zeit als Missionarin tätig war, zog sie sich in eine Höhle in den Bergen zurück und lebte dort – völlig nackt – dreißig Jahre lang bis zu ihrem Tod. Tizian hatte beim

Malen wohl diese in der *Legenda Aurea* geschilderte Situation
der Heiligen vor Augen. Maria Magdalena erscheint betend vor
einem bedrohlichen Gewitterhimmel, vor dem sie in ihrer
Nacktheit besonders schutzlos wirkt.

An ihre Vergangenheit als Sünderin erinnern ihre
bloßen Brüste und vor allem ihr langes, vom Wind zerzaustes
blondes Haar. Helles Haar lag im 16. Jahrhundert bei allen
Frauen im Trend. In den Schönheitsratgebern jener Zeit findet
man zahlreiche Rezepte, wie man effektiv blondiert, um sich
»das Flair von Weiblichkeit, Raffinesse und Adel zu geben«.
Die kämpferische Schriftstellerin Moderata Fonte empfiehlt in
ihrem um 1600 erschienenen Buch *Der Verdienst der Frauen* Haar-
färbemittel und Spülungen aus komplizierten Mixturen wie
Brunnenwasser, Alaun, Seife, Gerstenstroh und Honig. Die Hüter
der kirchlichen Moral fanden diese Mode mehr als verwerflich,
da aufgehelltes Haar ein untrügliches Zeichen für über-
mäßige Eitelkeit war.

Tizian (Tiziano Vecellio), um 1487–1576

Maria Magdalena, um 1533
Palazzo Pitti, Galleria Palatina, Florenz

Die weinende Maria Magdalena

Magdalenenmeister

Die Zeit meißelt in unsere Gesichter alle Tränen, die wir nicht vergossen haben.« Mit diesem Satz umschreibt die amerikanische Schriftstellerin Natalie Clifford Barney, genannt »die Amazone«, die im 20. Jahrhundert in Paris lebte, die Macht der Tränen. Weinen zählt zu den am tiefsten empfundenen Emotionen. Tränen reinigen Augen und Seele. Sie lösen innere Spannungen und befreien von seelischen Belastungen. Tränen gelten aber auch als Zeichen von Schwäche. Als Ausdruck von Leid, Mitgefühl, Zorn und Leidenschaft umnebeln sie angeblich den Verstand. Ein tief wurzelndes Vorurteil erklärt Weinen zum Werkzeug weiblicher Manipulation. Ein altes Sprichwort drückt es ironisch aus: »Gott hat die Frauen zum Sprechen, Weinen und Nähen geschaffen.« Die mittelalterliche Schriftstellerin Christine de Pizan deutete hingegen Tränen als Zeichen seelischer Stärke: »Welch besondere Gunst hat Gott den Frauen mit ihren Tränen gewährt. Denn die Tränen der beiden Schwestern veranlassten Jesus, Lazarus auferstehen zu lassen.«

Für den Gläubigen des 16. Jahrhunderts wurden die Tränen Maria Magdalenas nicht um ihrer selbst willen vergossen, sondern im Namen der gesamten Menschheit. Sie ist die Frau, die hartnäckig am Grab Jesu ausharrte, als alle anderen weggegangen waren.

Die mittelalterliche Kirche verstand sich als eine Gemeinde von Sündern. Für sie waren die Tränen der heiligen Maria Magdalena ein symbolisches Zeichen dafür, dass ihre Sünden weggewaschen würden.

Magdalenenmeister (Werkstattarbeit)

Die weinende Maria Magdalena, um 1525
National Gallery, London

Bernardino Luini, um 1480–1532

Heilige Maria Magdalena, 1525
National Gallery of Art (Samuel Kress Collection), Washington

Heilige Maria Magdalena
Bernardino Luini

Dieses kleine Gemälde der Maria Magdalena gehörte ursprünglich dem strengen katholischen Reformer Federico Borromeo. Das überrascht nicht bei einem Mann, der sich vehement dafür einsetzte, mit Bildern von büßenden Heiligen den katholischen Glauben zu stärken. Andachtsbilder der Maria Magdalena waren im 16. Jahrhundert daher besonders populär. Schließlich hatte sich Maria Magdalena durch die glühende Liebe zu Christus von ihrem früheren sündigen Leben abgewendet. Diese vollkommene Reue machte sie zum idealen Vorbild.

Maria Magdalena blickt den Betrachter direkt an. Ihre sinnliche Erscheinung, ihr Lächeln mit geschlossenem Mund und ihre mandelförmigen Augen lassen sich auf das Frauenideal von Leonardo da Vinci zurückführen. Der Künstler kopierte auch Leonardos berühmte Sfumato-Technik, die die Hauttöne mit »rauchigen Schatten« – *sfumato* bedeutet »verraucht« oder »neblig« – abmildert. Die satte Farbigkeit des eleganten Gewands, das sich leuchtend vor dem dunklen Hintergrund abhebt, steigert die Ausstrahlung der Heiligen.

Eine Haarlocke fällt ihr auf die Schulter herab, und mit der rechten Hand öffnet sie den Deckel eines Salbgefäßes aus Alabaster. Es scheint, als habe sich Maria Magdalena soeben umgewandt, was unseren Eindruck einer intimen Begegnung mit ihr verstärkt. Das Bildnis sollte den Betrachter in seinen privaten Gemächern zu spirituellen Betrachtungen und Gebet anregen.

Heilige Maria Magdalena
Giovanni Girolamo Savoldo

An einem Sonntagmorgen brechen die ersten Sonnenstrahlen durch Wolken an einem frischblauen Himmel. Gegen die morgendliche Kühle hat sich Maria Magdalena, die fast den gesamten Bildraum einnimmt, in einen silbergrauen Seidenumhang gehüllt. Ihre Ehrfurcht gebietende Gestalt erhebt sich direkt vor dem Betrachter. So entsteht der Eindruck einer persönlichen Begegnung mit ihr. Das Gesicht, das sich weich vor dem Stoff abzeichnet, zieht unsere ganze Aufmerksamkeit auf sich. Ihr Blick ist gedankenverloren. Sie scheint durch uns hindurchzuschauen. Erst beim Betrachten des Hintergrunds begreifen wir, was sie so beschäftigt. Savoldo zeigt Maria Magdalena am Ostermorgen nach der Kreuzigung vor dem leeren Grab Christi. Als Jüngerin Jesu hatte sie seine Füße gesalbt und an seinem Begräbnis teilgenommen. Das neben ihr sichtbare weiße Salbgefäß aus Keramik ist ihr traditionelles Attribut. Maria Magdalena lädt hier den Betrachter ein, sich den Moment vor Augen zu führen, in dem sie die Auferstehung Christi von den Toten erkannte.

Giovanni Girolamo Savoldo, um 1480–1548

Heilige Maria Magdalena, 1535–1540
National Gallery, London

Heilige Maria Magdalena
Frederick Sandys

Die Beschreibung der britannischen Königin Baudica, die
der Historiker Cassius Dio überlieferte, trifft genau auf
Frederick Sandys' *Heilige Maria Magdalena* zu: »Hoch gewachsen
und verführerisch war ihre Erscheinung ... Eine Unmenge rotes
Haar fiel ihr über die Schultern.« Mit ihrer roten Mähne und
den leicht geöffneten sinnlichen Lippen wirkt die Heilige genauso
erotisch wie die legendäre Königin aus der Antike.

Frederick Sandys' Gemälde entstand jedoch unter der Regentschaft der prüden Königin Victoria. Es entspricht alles anderem
als den Erwartungen seiner Zeit. In der Mitte des 19. Jahrhunderts
war Schamhaftigkeit gefragt. Liebevoll, umsorgend, zärtlich und
sanftmütig hatte eine ehrbare junge Frau zu sein. Die englische
Malergruppe der Präraffaeliten, der Sandys angehörte, feierte
stattdessen promiskuitive Frauen, die sich mit vielen Liebhabern
einließen. Und sie malten sie atemberaubend unanständig. Das
offene Haar Maria Magdalenas steht für ein ungezügeltes Leben.
Die Präraffaeliten waren fasziniert von den sogenannten »gefal-
lenen Mädchen«, zu denen Maria Magdalena gehörte. Sie fühlten
sich angezogen von der Vorstellung einer Heiligen, die verschiedene Geliebte hatte. Sandys erkundete unter dem Deckmantel
der biblischen Gestalt die weibliche Lust und Sinnlichkeit. Ansonsten wäre sein Bild zensiert worden.

Frederick Sandys, um 1829–1904

Heilige Maria Magdalena, um 1858–1860
Delaware Art Museum, Wilmington

Die heilige Maria Magdalena in einer Grotte

Jules Joseph Lefebvre

Die unschuldige Eva im Paradies malte Michelangelo mit braunem Haar. Nachdem sie der Versuchung durch die Schlange erlegen und aus dem Paradies vertrieben worden war, stellte er sie als Rotschopf dar. Eva galt als Paradebeispiel für die gefallene Frau. Das signalisierte Michelangelo durch das rote Haar. Dementsprechend stellte man im 19. Jahrhundert die heilige Maria Magdalena mit roter Mähne dar, um ihre Rolle als Verführerin und Sünderin zu illustrieren. Und auch Romanheldinnen wie Effi Briest, Madame Bovary oder Anna Karenina, sexuell aktive Frauen, die mit ihrem ungebührlichen Benehmen die empfindliche Ehre der Männer bedrohen, werden rothaarig geschildert. Vom Standpunkt des 19. Jahrhunderts aus ist Maria Magdalena das »unglückliche schöne Mädchen, dessen Attraktivität zum Fluch wurde«. Damit wurde die im Mittelalter als starke, selbstbewusste Frau geschätzte Magdalena als moralisch fragwürdige Person, die von der Gesellschaft ausgestoßen wird, abgewertet. Jules Joseph Lefebvre stellte die Heilige vor dem

Hintergrund einer Höhle dar, wo sie der Legende nach ihr Lebens-
ende als Einsiedlerin verbracht haben soll. Er benutzte ihre Einsamkeit in der Natur als Vorwand für einen erregend verführeri-
schen Akt und verwandelte die Sünderin Magdalena gleichsam in
eine Kurtisane. Sie schürte Männerphantasien zu einer Zeit, als
soziale Konventionen erotische Neigungen verboten.

Jules Joseph Lefebvre, 1836 –1911

Die heilige Maria Magdalena in einer Grotte, 1876
Hermitage Museum, Sankt Petersburg

V

Barmherzig und wohltätig:

Begnadete Helferinnen

Die Frage nach Dichtung oder Wahrheit stellt sich bei
den meisten Heiligenlegenden. Nur von wenigen
heiligen Frauen wissen wir, dass sie tatsächlich gelebt
haben und im profanen Alltag als Komponistinnen,
Schriftstellerinnen, Gesundheitsreformerinnen,
politische Agitatorinnen oder Denkerinnen Erfolge
feierten und verehrt wurden. Unter ihnen sind die
französische Nationalheldin Johanna von Orléans, die
fürsorgende Elisabeth und die erleuchtete Nonne
Teresa von Ávila. Sie inspirierten zahlreiche Künstler
auf sehr unterschiedliche Weise, die Entschlossenheit
und Ausstrahlung dieser Frauen zu inszenieren.

Die Schwester der Künstlerin in Nonnentracht
Sofonisba Anguissola

Im 17. Jahrhundert war für kinderreiche, aber ansonsten mittellose Familien das Kloster die einzige Möglichkeit, eine Tochter sicher unterzubringen. Denn ohne Mitgift kam eine Heirat nicht infrage. Schon damals wurde diese Praxis selbst von Nonnen kritisiert. So empörte sich beispielsweise die Frauenrechtlerin Arcangela Tarabotti (1604–1652), das Tragen der Nonnentracht bedeute »nichts Besseres, als Wolle auf der Haut zu spüren«, und im Gegensatz dazu würde die jüngste Tochter »nichts außer Seide kennenlernen«. Doch das zurückgezogene Klosterleben bot durchaus Vorteile: So erhielten die Frauen die Möglichkeit, sich geistig oder kreativ zu betätigen, und konnten den Verpflichtungen von Ehe und Mutterschaft entfliehen.

Sofonisba Anguissola, um 1530–1625

Die Schwester der Künstlerin in Nonnentracht, 1551
Southampton City Art Gallery

Die berühmte Barockmalerin Sofonisba Anguissola porträtierte 1551 ihre Schwester, die ins Kloster San Vincenzo in Mantua eingetreten war. Zuvor hatte diese ebenfalls eine Ausbildung als Malerin erhalten, was für Frauen im 16. Jahrhundert in den männlich dominierten Malerateliers eher ungewöhnlich war. Sofonisba avancierte zu einer der berühmtesten Malerinnen der Kunstgeschichte. Kollegen wie Giorgio Vasari, Michelangelo oder Anthonis van Dyck rühmten ihr großes Talent. König Philipp II. von Spanien nahm sie als Hofmalerin in seine Dienste. Sie erhielt zahlreiche Aufträge als Porträtmalerin der adligen Gesellschaft. Das Bildnis, das Sofonisba von ihrer Schwester Elena malte, zählt zu den zahlreichen Porträts, die sie von ihrer großen Familie schuf.

Die Komposition ist dem Stand ihrer Schwester entsprechend schlicht und leitet den Blick zu dem entschlossenen Gesicht, das von der weißen Nonnenhaube eingefasst wird. In ihren Händen hält Elena ein in rotes Leder gebundenes Buch. Es weist darauf hin, dass sie sich bewusst für ein kontemplatives Leben mit geistigen Interessen entschieden hat.

Die heilige Anna unterweist die Jungfrau
Lo Spadarino

Es steht zwar nicht in der Bibel, dass die heilige Anna ihre Tochter Maria in die Kunst des Nähens und Stickens einführte, im Barock wurde das Sujet jedoch zu einem beliebten Bildthema, das zur Nachahmung anregen sollte. Von einer guten Mutter erwartete man, dass sie ihren weiblichen Sprösslingen das Kochen und den Umgang mit der Nadel beibrachte. Denn ganz gleich, wie hoch der Stand einer Dame war, beurtcilt wurde sie oft nach der Qualität der von ihr bestickten Westen ihres Gatten. Kulturelle Bildung war hingegen weniger gefragt. Der Spanier Juan Luis Vives beispielsweise warnte als Privatlehrer die künftige englische Königin Maria Tudor davor, Profandichtung oder historische Werke zu lesen. Frauen empfahl man in der Regel religiöse Lektüre, um ihre Sittlichkeit und Tugend zu fördern. Nur wenige hielten diese Verhaltensregeln für diskriminierend. Einer

Schule des Giacomo Galli, genannt Lo Spadarino, 1585–1649

Die heilige Anna unterweist die Jungfrau, 18. Jahrhundert
Privatsammlung

von ihnen war der große Denker Erasmus von Rotterdam, der im Studium religiöse Herzensbildung der Mädchen sah und diese der Hausarbeit vorzog. Ebenso sprach sich die englische Erzieherin Bathsua Makin 1673 für die Bildung von Frauen aus:»Lässt man Frauen dumm, kann man sie mühelos zu Sklaven machen.«

Der Maler der *Heiligen Anna, die die Jungfrau unterweist*, der der Schule des Giacomo Galli, genannt Lo Spadarino, zugeordnet wird, hielt sich dagegen wohl an die konservativen Direktiven eines Auftraggebers. In der Malweise des römischen Barockkünstlers Caravaggio schuf er eine anrührend häusliche Szene: Die junge Maria wird unter den strengen Augen der Mutter als fleißige, folgsame Schülerin gezeigt. In der Zeit, in der dieses Gemälde entstand, wurden auch die ersten Bildungseinrichtungen für Frauen geschaffen. Angela de Medici gründete den Orden der Ursulinen, die als Pioniere auf diesem Gebiet Mädchen nicht nur mit Nadel und Faden, sondern auch in Geisteswissenschaften unterrichteten.

Heimsuchung
Theodor van Thulden

Schwangerschaft ist das Berufsrisiko der Ehefrau.« Dieser lässige Spruch stammt von Königin Viktoria, die während ihrer langen Regentschaft als Herrscherin über Großbritannien neun Kinder gebar. Auch Maria soll nach der Geburt Jesu noch weitere Kinder gehabt haben. Auf dem Gemälde des Niederländers Theodor van Thulden ist sie mit Jesus schwanger. Bei der Verkündigung hatte der Engel Gabriel seine Worte zu Maria damit bekräftigt, dass ihre schon alte Verwandte Elisabeth, die kinderlos geblieben war, nun auch schwanger geworden sei. Maria machte sich also auf den Weg zu ihrer Kusine, um sich davon zu überzeugen und die freudige Botschaft mit ihr zu teilen. Elisabeth begrüßt Maria auf dem Treppenabsatz eines barocken Palastes und berührt mit freudig erregtem Gesichtsausdruck ihren Bauch. Die anrührende Szene der sogenannten Heimsuchung, die im Lukas-Evangelium geschildert wird, nahmen viele Künstler zum Anlass, um zwei verschiedene Frauengenerationen nebeneinander zu porträtieren. Elisabeth war zum Zeitpunkt ihrer Niederkunft mit Johannes dem Täufer eine betagte Frau. Theodor van Thulden stellte sie dementsprechend als alte Dame mit grauen Haaren und einem schwarzen Mantel dar. Dagegen wird die blühende Jugend Marias durch ihre farbigen Gewänder und einen modischen Hut betont, wie man ihn im 17. Jahrhundert getragen hat.

In der Geschichte der Heiligen gibt es überraschend viele Frauen, die Familie hatten. Zu den Verheirateten gehören beispielsweise Birgitta von Schweden und Elisabeth von Ungarn. Man musste also nicht unbedingt an der Jungfräulichkeit festhalten, um in den Kreis der Heiligen aufgenommen zu werden.

Theodor van Thulden, 1606–1669

Heimsuchung (Die heilige Elisabeth und die Jungfrau), 1660
Kunsthistorisches Museum, Wien

Der heilige Sebastian wird von der heiligen Irene gepflegt
Francesco Cairo

Im Jahr 1586 verfasste Cäsar Baronius eine neue Kirchengeschichte und hob darin das Leben der bis dahin vergessenen heiligen Irene besonders hervor. Sie hatte die Wunden des heiligen Sebastian gepflegt, der von Kaiser Diokletian zum Tode verurteilt worden war. Sie entfernte die Pfeile aus seinem Körper und pflegte ihn heimlich gesund. Francesco Cairo stellte die innige Szene bei Nacht dar. Die Protagonisten erscheinen, wie von einer Kerze beleuchtet, in einem warmen ockergelben Licht. Leblos liegt der junge Körper des heiligen Sebastian auf einem Kissen aus Jute. Irene ist keine junge schöne Heilige, sie ist eine betagte Witwe. Ihr Alter und ihre Sorgfalt flößen uns Vertrauen in ihren medizinischen Sachverstand ein.

Im Europa der frühen Neuzeit konnten sich nur wohlhabende Kranke einen ausgebildeten Universitätsarzt leisten. Praktische Medizin für jedermann boten Klosterhospitäler und Frauen, die sich mit Heilmitteln aus Kräutern auskannten. In ihren Gärten kultivierten sie Heilpflanzen, die sie nach den Empfehlungen des antiken Arztes Hippokrates oder nach den Schriften der mittelalterlichen Nonne Hildegard von Bingen verwendeten. Vielen war der Erfolg dieser Heilpraktiken

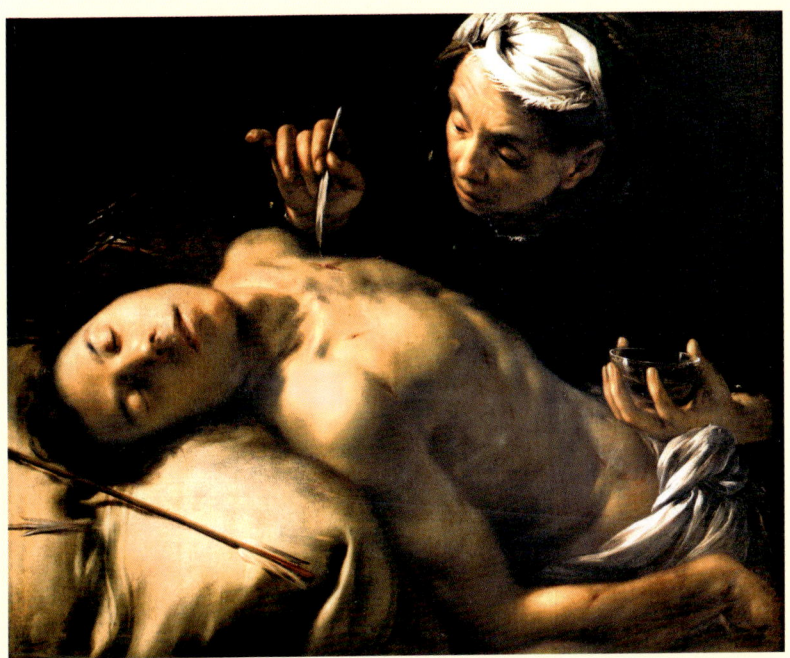

jedoch unheimlich, und man vermutete, dass dahinter nur der
Teufel stecken könne. Daher kam es im 17. Jahrhundert immer-
wieder zur Verfolgung und Hinrichtung von erfahrenen Volkshei-
lern. Im Barock begeisterten sich viele Künstler für das Thema der
heiligen Irene. Im Namen der katholischen Kirche sollte sie für
einen engagierten Glauben mit sozialer Verantwortung werben.

Francesco Cairo, 1607–1665

Der heilige Sebastian wird von der
heiligen Irene gepflegt, 17. Jahrhundert
Musée des Beaux-Arts, Tours

Alle meine Worte und Taten
sind in Gottes Hand.
Auf ihn allein verlasse ich mich.

VON JEANNE D'ARC

Jeanne d'Arc bei der Krönung Karls VII. in der Kathedrale von Reims

Jean Auguste Dominique Ingres

In der westlichen Kultur ist sie nach Christus und Napoleon das drittpopulärste Bildmotiv. Und William Shakespeare, Mark Twain, Giuseppe Verdi, Pjotr Iljitsch Tschaikowsky, Florence Nightingale, Winston Churchill, General Charles de Gaulle, selbst die beliebte Comicfigur Lisa Simpson ließen sich von dem beispiellosen Mut der Jeanne d'Arc inspirieren. Der Grund: Im Hundertjährigen Krieg führte das Bauernmädchen die französischen Truppen gegen den englischen Feind und befreite die Stadt Orléans, die aufgrund ihrer Lage an der Loire eine bedeutende strategische Rolle spielte. Angeblich hatte sie von Engeln und Heiligen den Befehl erhalten, Karl den VII. zum französischen Thron zu führen. Am 1. März 1429 wurde sie vom Dauphin empfangen und konnte ihn davon überzeugen, dass sie im Namen des Himmels gekommen sei, um Frankreich zu befreien. Sie wirkte überzeugend und durfte in einer eigens für sie hergestellten Ritterrüstung eine militärische Einheit anführen. Am 7. Juli 1429 konnte Karl VII., wie von Jeanne d'Arc prophezeit, in der Kathdrale von Reims gekrönt werden.

Ingres stellte Jeanne d'Arc als Zeugin der feierlichen Zeremonie in voller Rüstung mit ihrer Kampfstandarte neben dem Altar stehend dar. Später wurde die gefeierte National-heldin jedoch verraten und an die Engländer ausgeliefert. Die übergaben sie der katholischen Gerichtsbarkeit, die sie aufgrund ihrer Visionen zur Ketzerin erklärte. Immer wieder kritisierte man ihre Männerkleidung und das kurz geschnittene Haar. Ihre Verteidiger hingegen führten an, dass sie so auf den Feld-zügen ihre Jungfräulichkeit bewahren und sich vor Belästi-gung schützen wollte.

Am 30. Mai 1431 wurde Jeanne d'Arc öffentlich auf dem Scheiterhaufen verbrannt und ihre Asche in der Seine gestreut, um den Franzosen nicht die Möglichkeit zu bieten, mit ihren sterblichen Überresten einen Reliquienkult zu beginnen.

Jean Auguste Dominique Ingres, 1780–1867

Jeanne d'Arc bei der Krönung Karls VII.
in der Kathedrale von Reims, 1854
Louvre, Paris

VI

Spirituell und vergeistigt:
Mystikerinnen und Visionärinnen

Von Teresa von Ávila ist der kluge Satz überliefert:
»Ihr müsst wissen, Töchter, dass es noch kein Zeichen
für inneres Gebet ist, wenn man den Mund schließt.«
Die heilige Teresa wusste, wovon sie sprach. Durch
die Überwindung schwerer Krankheiten, seelischer
Prüfungen, aber auch durch intensive Kontemplation
und Askese erreichte sie einen Zustand der inneren Erleuchtung. Von Visionen und Ekstasen berichten die
Legenden der heiligen Frauen, die oftmals folgenreich
waren. Im Falle der Jungfrau von Orléans beeinflussten
die himmlischen Einflüsterungen die Weltgeschichte.

Traum der heiligen Helena
Paolo Veronese

Träume bergen Verantwortung«, weissagte der englische
Dichter William Butler Yeats, dessen Zitat trefflich zur
Lebensgeschichte der heiligen Helena passt. Sie war die Mutter
von Kaiser Konstantin, der im Jahr 313 das Toleranzedikt
erließ und damit die Christenverfolgungen beendete. Der Legende
nach war ihr im Traum befohlen worden, die heiligen Stätten
in Jerusalem aufzusuchen und das Kreuz Christi zu finden. Ohne
zu zögern, machte sich die schon betagte Helena auf den Weg
nach Jerusalem. Da die Suche schwierig war, nahm sie dankbar
den Hinweis des Leviten Judas an, das Kreuz unter einem
antiken Venustempel zu suchen, den Kaiser Hadrian auf dem
Berg Golgatha hatte errichten lassen. Da an dieser Stelle
jedoch drei Kreuze gefunden wurden, stellte sich die Frage nach
dem wahren Kreuz Christi. Zur Identifizierung hielt man eine
todkranke Frau auf einer Bahre über das Kreuz. Als diese augen-
blicklich gesund war, wusste man um die Echtheit des gesuchten
Kreuzes. Über der Fundstelle ließen Helena und Konstantin
eine Basilika, die sogenannte Grabeskirche, errichten.

Paolo Veronese, 1528–1588

Traum der heiligen Helena, 1580
Pinacoteca Vaticana, Vatikanstadt

Die erhaltenen Kreuzstücke sowie einige Kreuznägel werden als Reliquien in aller Welt verehrt. Das Kreuz ist das bedeutendste Symbol des Christentums. Sein Fund im Jahr 326 befeuerte den Glauben der jungen Gemeinde und trug dazu bei, dass sich das Christentum schnell zu einer führenden Weltreligion entwickelte. Und natürlich sind die Kreuzlegenden und das Attribut des Kreuzes aufs Engste mit der heiligen Helena verknüpft.

Paolo Veronese porträtierte die heilige Helena schlafend in einem prunkvollen Gemach, in welchem am rechten Bildrand ein kleiner Putto ein großes Holzkreuz balanciert. Sie trägt kostbare Gewänder; ihren Kopf, den eine schwere, edelstein-besetzte Krone schmückt, stützt sie mit der Hand ab. Durch ihren Sohn Konstantin wurde die vom Vater geschiedene Mutter in den Stand der Kaiserin erhoben, und als solche sehen wir sie hier in nachdenklicher Pose auf dem großformatigen Gemälde des venezianischen Malers Veronese.

Die Madonna erscheint den dominikanischen Heiligen Agnes von Montepulciano, Katharina von Siena und Rosa von Lima

Giovanni Battista Tiepolo

Giovanni Battista Tiepolo malte für die Gesuati-Kirche in Venedig eine ganze Gruppe von weiblichen Heiligen, die von göttlichen Visionen heimgesucht wurden. Wir sehen hier am äußersten Bildrand die heilige Agnes von Montepulciano sitzen, die im 13. Jahrhundert lebte und von ekstatischen Visionen von Christus und Maria erschüttert wurde. In der Mitte steht die erste südamerikanische Heilige, Rosa von Lima, die 1586 geboren wurde und von der berichtet wird, dass sie stundenlang reglos vor dem Bild der Madonna mit Kind ausharrte. Sie trägt ein Jesuskind auf dem Arm, da sie der Legende nach zahlreiche Jesuserscheinungen hatte. Und links daneben positionierte Tiepolo Rosas Vorbild, die heilige Katharina von Siena, die im 14. Jahrhundert als Mystikerin in die Geschichte eingegangen ist. Sie lehnt sich gegen ein großes Holzkruzifix, das auf ihre Christusvisionen verweist. Alle drei Frauen gehörten dem dominikanischen Bettelorden an, dennoch erscheinen sie mit der ganzen Pracht eleganter Heldinnen. Auf sie herab fällt helles Licht als Zeichen ihrer göttlichen Erleuchtung, zudem wird ihnen die Schau der Muttergottes zuteil, die hinter ihnen auf einer orangefarben leuchtenden Wolke schwebt. Wir sehen drei heilige Nonnen, deren Ekstasen und Visionen in der Literatur ausführlich geschildert werden. Skeptiker allerdings behaupteten, die angeblich göttlichen Halluzinationen seien auf das extreme Fasten und den selbstauferlegten Schlafentzug der Asketinnen zurückzuführen.

Giovanni Battista Tiepolo, 1696–1770

Die Madonna erscheint den dominikanischen Heiligen Agnes von Montepulciano,
Katharina von Siena und Rosa von Lima, 1747/1748
Santa Maria del Rosario (Gesuati), Venedig

Der heiligen Teresa von Ávila erscheint die Taube

Peter Paul Rubens

Teresa von Ávila erlebte zahlreiche göttliche Visionen und seelische Prüfungen und erreichte einen Zustand der inneren Erleuchtung. In einem Brief an ihren Bruder aus dem Jahr 1577 beschreibt sie, welche Belastungen diese Erscheinungen für sie im Alltag bedeuteten: »Länger als eine Woche war ich in solchem Zustand, dass, hätte er angedauert, ich kaum in der Lage gewesen wäre, alle meine Geschäfte zu erledigen ... Ich hatte wieder Verzückungen, und sie brachten mich in große Not. Mehrmals habe ich sie in der Öffentlichkeit gehabt. Es ist nutzlos, ihnen zu widerstehen, und sie lassen sich unmöglich verbergen. Ich schäme mich so schrecklich und möchte mich irgendwo verstecken. Ich bete aufrichtig zu Gott, sie mir nicht in der Öffentlichkeit geschehen zu lassen ... Letzthin bin ich herumgegangen, als ob ich betrunken wäre.« Peter Paul Rubens zeigt die heilige Teresa im

Peter Paul Rubens, 1577–1640

Der heiligen Teresa von Ávila erscheint die Taube, um 1614
Fitzwilliam Museum, Cambridge

Zustand einer ihrer Meditationen. Über ihr schwebt mit ausgebreiteten Flügeln eine große weiße Taube, mit der sie im stillen Zwiegespräch innigst verbunden scheint. Die Taube ist das Symbol des Heiligen Geistes. Versunken kniet die heilige Teresa auf dem Boden, ihre Lippen sind leicht geöffnet, ihre Hände hat sie flehend gen Himmel erhoben.

Als erste Frau schrieb Teresa von Ávila ausführlich über die Techniken des Gebets und untergliederte den spirituellen Aufstieg zu Gott in vier Stufen: Die erste Stufe ist andächtige Konzentration; in der zweiten Stufe erfährt der menschliche Wille einen göttlich-übernatürlichen Einfluss; die dritte Stufe führt in einen ekstatischen Zustand, in dem der Verstand nicht mehr von weltlichen Gedanken abgelenkt wird; in der vierten und letzten Stufe schließlich schwindet das Körperbewusstsein, so, als würde man emporgehoben. Von der heiligen Teresa stammt der kluge Satz: »Ihr müsst wissen, Töchter, dass es noch kein Zeichen für inneres Gebet ist, wenn man den Mund schließt.«

Wohin sich mein Geist
auch drehen mag und
wenden, ich finde nur
Barmherzigkeit.

von TERESA VON ÁVILA

Die mystische Kommunion der heiligen Katharina von Siena
Léon Benouville

So könnte man auch ein inniges Liebespaar darstellen. Katharina schmiegt sich in ekstatischer Verzückung an den nackten Oberkörper Christi. Sie küsst die Wunde, die ihm der römische Hauptmann Longinus bei der Kreuzigung mit der Lanze beibrachte. Durch die monochrome Farbgebung erscheint die Szene wie eine Vision. Der Akzent ist das Blut des Erlösers, das rot aus der Seitenwunde fließt.

In dem bei der Passion vergossenen Blut sah die heilige Katharina, die 1347 in Siena geboren wurde, das Symbol für Gottes Erbarmen mit den Menschen. Ihre religiösen Vorstellungen beschrieb sie in zahlreichen Texten, die sie in toskanischem Dialekt verfasste. Von ihren Arbeiten als Schriftstellerin abgesehen, war sie eine leidenschaftliche Predigerin, die große Menschenmengen begeisterte. Im Zeitalter der Kreuzzüge und des Kirchenschismas,

Léon Benouville, 1821–1859

Die mystische Kommunion der heiligen Katharina von Siena
Louvre, Paris

der Trennung der morgenländischen von der abendländischen Kirche, mischte sie sich immer wieder weithin vernehmbar in die Tagespolitik ein und schreckte auch nicht davor zurück, den Papst zurechtzuweisen. Sie war davon überzeugt, dass ihre göttlichen Visionen sie zu einem politischen Engagement berechtigten; vermutlich geht auf ihre Intervention die Rückkehr des Papstes von Avignon nach Rom zurück. Im 20. Jahrhundert erkannte die Kirche an, dass Katharinas politischer Aktivismus in ihren mystischen Erfahrungen begründet war. Pius X. ernannte sie zur Patronin der weiblichen Laiengruppen in der katholischen Kirche. 1970 erhielt sie den Titel Kirchenlehrerin, eine Ehre, die außer ihr nur noch Teresa von Ávila und Thérèse von Lisieux widerfuhr.

Bei ihrem religiösen und politischen Engagement achtete die heilige Katharina nicht auf ihren Körper – abgemagert und entkräftet starb sie 1380 im Alter von dreiunddreißig Jahren in Rom.

Johanna von Orléans
Jules Bastien-Lepage

Die visionären Heiligenvorstellungen der Johanna von Orléans
waren vermutlich von Bildwerken der Kunstgeschichte, die
sie gesehen hatte und die in Frankreich besonders verehrt wurden,
beeinflusst. Nach Johannas eigenen Aussagen sprachen der Erzengel Michael, Katharina von Alexandria und Margareta von
Antiochia zu ihr. Sie befahlen dem damals erst dreizehnjährigen
Bauernmädchen, das während des Hundertjährigen Krieges
zwischen England und Frankreich auf einem Hof in Domrémy
aufwuchs, die von den Engländern belagerte Stadt Orléans zu
befreien und den Dauphin Charles als Karl VII. zum rechtmäßigen
König von Frankreich krönen zu lassen. Tatsächlich kämpfte
Johanna in Männerkleidern auf dem Schlachtfeld gegen den Feind.
   Der Maler Jules Bastien-Lepage gab den Stimmen, die
Johanna angeblich hörte, in seinem Gemälde eine Gestalt. Er malte
sie als durchscheinende Figuren, die sich kaum von der Fassade
des Bauernhauses und den Bäumen abheben. Im Vordergrund
erscheint Johanna entrückt und gefangen von dem, was sich vor
ihrem inneren Auge abspielt. Als das Bild 1880 auf dem Pariser
Salon ausgestellt wurde, widerfuhr Bastien-Lepage harte Kritik, da
man urteilte, dass visionäre Erlebnisse nicht mit den Sinnen
wahrzunehmen, also gar nicht hörbar seien.

Johanna hörte die Stimmen von Heiligen, deren Tugenden ihr persönliches Schicksal widerspiegeln. Der Erzengel Michael verkörperte als Ritter den französischen Widerstand, Katharina steht für Standhaftigkeit und Mut, und die Legende der Margareta überliefert, dass die Heilige in Männerkleidung ein Kloster betrat. Der Kult um Johanna von Orléans wurde vor allem zur napoleonischen Zeit geschürt, sollte ihre Kämpfernatur doch den französischen Patriotismus stärken.

Jules Bastien-Lepage, 1848–1884

Johanna von Orléans, 1879
The Metropolitan Museum of Art, New York

Die ekstatische Jungfrau Katharina Emmerich

Gabriel Cornelius von Max

Die bekannte deutsche Mystikerin Anna Katharina Emmerich (1774 bis 1824) wurde im 19. Jahrhundert als Seherin verehrt. Durch ihre asketische Lebensführung – sie nahm nur Wasser und die Kommunion zu sich – war ihr Gesundheitszustand so angegriffen, dass sie in ihren letzten Lebensjahren kaum noch das Bett verließ. 1802 war sie gegen den Widerstand ihrer Eltern einem Kloster beigetreten, das jedoch zehn Jahre später aufgelöst wurde. Bis zu ihrem Tod lebte sie in einer Privatwohnung, in der sie der romantische Dichter Clemens Brentano häufig besuchte. Er wurde so Zeuge ihrer ekstatischen Erfahrungen, über die er in seinem 1833 veröffentlichten Buch *Das bittere Leiden unseres Herrn Jesu Christi. Nach den Betrachtungen der gottseligen Anna Katharina Emmerich* berichtete.

Der Legende nach identifizierte Anna Katharina sich so sehr mit dem Leiden Christi, dass sich an ihren Händen, Füßen und auf der Brust die Wundmale der Kreuzigung zeigten. Wiederholte Untersuchungen durch die geistliche und weltliche Behörde stellten im 19. Jahrhundert die Echtheit ihrer Wundmale fest. Auf dem Gemälde von Gabriel Cornelius von Max erkennt man kleine rote Flecken an ihren Händen. Unter der Kopfbinde verbergen sich die Spuren der Dornenkrone, mit der Christus auf seinem Leidensweg verspottet wurde. Die Binde auf dem Nachttisch hinter der Bibel zeigt, dass ihre Wunden noch frisch sind. Wir sehen Anna Katharina Emmerich im Zustand einer Vision. Die von tiefen Schatten umgebenen Augen fixieren das Holzkreuz in ihrem Schoß. Weiches Licht, verschwommene Konturen und gedeckte, zarte Farben geben dem Raum eine geheimnisvolle Stimmung. Von Max galt als eigenwilliger Künstler, den parapsychologische Phänomene, Spiritismus und Hypnotismus beschäftigten. Insofern war die 2004 seliggesprochene Anna Katharina sicherlich ein ideales Motiv.

Gabriel Cornelius von Max, 1848–1915

Die ekstatische Jungfrau Katharina Emmerich, 1885
Neue Pinakothek, München

VII

Sinnliche Klänge:
Cäcilia und
die himmlische Musik

Im frühchristlichen Gottesdienst war die Verwendung
von Musikinstrumenten verboten. Stattdessen wurden
Psalmen gesungen. Erst im Mittelalter hielten Orgel und
Glockenspiel Einzug in die Gotteshäuser, während
Instrumente wie Harfe und Fiedel eher auf bildlichen
Darstellungen von himmlischen Orchestern mit
Engeln und Heiligen denn in der realen Kirchenmusik
selbst auftauchten. Ende des 19. Jahrhunderts führte
die Reformbewegung des Cäcilianismus zurück zu den
choralen Gesängen. Man bezog sich dabei zwar auf
die heilige Cäcilia, schloss Frauen aber vom Gesang
liturgischer Texte aus.

Heilige Cäcilia

Carlo Saraceni

Ein Engel leitet die heilige Cäcilia beim Stimmen einer Laute an und tippt ihr dabei sacht auf die Schulter. Die Heilige reagiert, indem sie am Feinstimmer dreht. Dabei scheint sie konzentriert dem Klang ihres Instruments zu lauschen. Die ausgebreiteten Flügel des Engels durchmessen die gesamte Bildfläche. In der Hand hält er den Hals eines Kontrabasses. Hier scheint bald ein kleines Konzert stattzufinden, denn auf dem Boden verstreut liegen noch eine Trompete, eine Harfe und eine Geige. Carlo Saraceni visualisierte das Thema der Musik durch seine meisterhafte Komposition. Wie virtuos Cäcilia über die Saiten streicht, verbildlichen die sanften Lichtreflexe, während die geschwungenen Linien der Instrumente auf die Schwingungen der Musik, die den Raum erfüllen, verweisen.

Schon in der Antike wurden Tonreihen und bestimmte Intervalle auf die Errechnung harmonischer Proportionen in der Architektur und die Farbskala eines Bildes übertragen. In den Augen der katholischen Kirche hatte die Musik jedoch nicht nur einen positiven Ruf. Vielmehr stand die weltliche profane Musik im Verdacht, den Menschen von der Religion abzulenken.

Carlo Saraceni, 1579–1620

Heilige Cäcilia, 1610
Galleria Nazionale d'Arte Antica, Rom

Orazio Gentileschi und Giovanni Lanfranco, 1563–1639 und 1582–1647

Die heilige Cäcilia und ein Engel, um 1617/1618 und um 1621–1627
National Gallery of Art, Washington

Die heilige Cäcilia und ein Engel

Orazio Gentileschi & Giovanni Lanfranco

Henry Purcell, Georg Friedrich Händel, Alexander Pope und John Dryden – viele berühmte Komponisten und Dichter widmeten sich in ihren Werken der heiligen Cäcilia. Und auch in der Kunst war die Märtyrerin ein äußerst beliebtes Bildmotiv. Die Barockmaler Orazio Gentileschi und Giovanni Lanfranco präsentieren Cäcilia auf einer kleinen Tragorgel spielend in Anwesenheit eines Engels. Dass der Heiligen die Tragorgel als Attribut zugeordnet wird, geht auf einen Fehler bei der Abschrift ihrer Legende im Mittelalter zurück: In der spätantiken Fassung ihrer Märtyrergeschichte hieß es ursprünglich, dass Cäcilia allein in ihrem Herzen wie zu Orgelklängen sang. Da man »in ihrem Herzen« wegließ, entstand das Bild einer singenden Cäcilia, die von einer Orgel begleitet wird. Die heute verschwundene Tragorgel war vom 12. bis zum 16. Jahrhundert in Gebrauch und klein genug, um tatsächlich getragen zu werden. Die heilige Cäcilia spielt mit den Fingern der rechten Hand und bedient mit der Linken die Bälge an der Instrumentenrückseite. Cäcilia wird hier als Virtuosin auf diesem Instrument dargestellt, die für ihre Kunst selbst von den Engeln bewundert wird.

Die heilige Cäcilia mit Engeln
Paul Delaroche

Die Cäcilienlegende entstand im 6. Jahrhundert. Erzählt wird die Geschichte einer römischen Adligen, die ihre Jungfräulichkeit bewahren will und in der Hochzeitsnacht ihren Gatten Valerius zum Christentum und zur Enthaltsamkeit bekehrt. Im 19. Jahrhundert entsprach gerade dieser Teil der Märtyrergeschichte den Heiligenvorstellungen der prüden Bourgeoisie.

Auf Paul Delaroches Gemälde blickt Cäcilia verzückt gen Himmel und erfüllt klischeehafte Heiligenvorstellungen. Über ihr leuchtet ein sonnig blauer Mittelmeerhimmel. Delaroche betont jedoch weder Cäcilias Musikalität noch ihre jungfräuliche Reinheit. Ihm kam es vielmehr auf die Staffage des Ambientes und auf die Accessoires der Heiligen an. Cäcilia residiert auf einem goldenen Thron. Zwei Engel bringen ihr eine Tragorgel, auf der sie zu spielen ansetzt. Dieses kleine Instrument war auch für den Betrachter des 19. Jahrhunderts bereits ein faszinierendes Kuriosum. Außerdem war man begeistert von der Sorgfalt, mit der Delaroche das alte Instrument und die komplizierten Elfenbein-Einlegearbeiten nachgestaltet hatte. In Paris wurde der Maler vor allem für seine Historienbilder geschätzt, bei deren Gestaltung er sehr viel Wert auf eine realistische Wiedergabe des Milieus und der Kleidung legte. Meist stellte er historische Begebenheiten aus dem Mittelalter und der Renaissance dar und feierte Erfolge auf den Salonausstellungen.

Auch für das Porträt der heiligen Cäcilia orientierte sich der Romantiker Delaroche an den Vorbildern der Renaissance. Er verwandelte die schöne Musikerin jedoch durch ihre Kleidung und ihren Habitus in eine weltlich anmutende Königin.

(Hippolyte) Paul Delaroche, 1797–1856

Die heilige Cäcilia mit Engeln, 1836
Victoria & Albert Museum, London

Heilige Cäcilia
John William Waterhouse

Andrew Lloyd Webber, der berühmteste Musicalkomponist
Großbritanniens, bezahlte im Jahr 2000 einen Rekordpreis für
dieses großartige Porträt der Schutzpatronin seines Berufs-
standes. Der englische Maler Waterhouse hat die heilige Cäcilia in
eine arkadische Traumlandschaft versetzt. Wir sehen die schöne
Cäcilia in einem blühenden Garten mit Ausblick auf eine
Meeresbucht. Mit geschlossenen Augen lauscht sie dem Konzert
zweier Engel. Ihren Steinthron rahmen zwei Rosenbäumchen,
im Hintergrund schießen dunkle Zypressen in den mediterranen
Himmel. John William Waterhouse ließ sich für dieses Bild
von den Versen des englischen Dichters Alfred Tennyson inspirieren. In diesem 1832 veröffentlichten Gedicht mit dem Titel »Der
Palast der Kunst« heißt es: »In einer hellen, von Mauern umgebe-

nen Stadt am Meer, nahe vergoldeten Orgelpfeifen, schlief die heilige Cäcilia.« Dieser romantische Text wurde dem Bild sogar zur Seite gestellt, als es erstmals in der Royal Academy zu sehen war. Das Publikum zeigte sich begeistert, und auch die zeitgenössischen Kritiker äußerten sich überschwänglich.

Beim Betrachten des Bildes kann man den Ausspruch des englischen Zeitgenossen William Wordsworth, Kunst sei »Augenmusik«, nachempfinden. Die lyrische Gestimmtheit der Landschaft, die ausgewogene Komposition sowie das Spektrum der Farben lassen an eine ruhige, ein wenig melancholische Melodie denken, die in vollkommener Harmonie mit der Entrücktheit der Heiligen steht.

John William Waterhouse, 1849–1917

Heilige Cäcilia, 1895
Privatsammlung

Heilige Cäcilia
John Melhuish Strudwick

Strudwick, ein weniger bekanntes Mitglied der Präraffaeliten, lässt die heilige Cäcilia versunken auf der Orgel spielen, während ihr ein melancholisch dreinblickender Engel zuhört. Auf dem Antlitz des Engels soll sich für den Betrachter das Wesen der von Cäcilia gespielten Musik widerspiegeln: » ... weil ich glaube, dass die süßeste Erdenmusik kein Echo der Himmelsmusik ist, sondern etwas ganz anderes ... habe ich meinen Engel mit traurigem Gesicht gemalt, weil in unseren Sterblichenliedern immer eine Traurigkeit ist«, schrieb der Künstler. Strudwick, der mit mäßigem Erfolg an der Royal Academy studiert hatte und später Assistent des berühmten englischen Malers Burne-Jones wurde, orientierte sich in seinen Arbeiten an den italienischen Vorbildern des 15. Jahrhunderts. Er selbst war jedoch wenig überzeugt von seinem Können. Einmal bekannte er dem geistreichen Dramatiker George Bernard Shaw, er könne nicht zeichnen, habe es nie gekonnt. In seiner Eigenschaft als Kritiker und Dichter sah Shaw, der Strudwicks Werke schätzte, darin keinen Fehler, vielmehr hielt er die Bescheidenheit des Künstlers für ein Geschenk, das vor leerer Kunstfertigkeit bewahrte. Allerdings verstand Shaw zweifelsohne mehr von Musik als von Malerei.

John Melhuish Strudwick, 1849 –1937

Heilige Cäcilia, 1895/1896
Sudley House, National Museums Liverpool

*Der Himmel auf Erden
ist überall, wo Menschen
von Liebe zu Gott,
zu ihren Mitmenschen und
zu sich selbst erfüllt sind.*

von HILDEGARD VON BINGEN

Spirituelle Frauen – himmlisch und heilig, schön und rebellisch

Als der fromme Mönch und begabte Florentiner Maler Fra Filippo Lippi mal wieder eine seiner berühmten Renaissance-Madonnen malte, konnte er dem sinnlichen Zauber seines schönen Modells Lucrezia Buti nicht widerstehen. Wie Giorgio Vasari in seinen Künstlerviten aus dem Jahr 1568 berichtet, verliebte er sich in sie und flüchtete aus dem Kloster, um mit ihr zusammen zu sein (Vasari, 1568, III, 334). Zahlreiche Legenden schildern die unwiderstehliche Schönheit der Jungfrau Maria sowie der weiblichen Heiligen, und aus diesem Grund nahmen sich Maler und Bildhauer die attraktivsten Frauen ihrer Zeit zum Vorbild.

Doch nicht nur die Künstler verliebten sich in ihre Modelle. In der Vergangenheit waren Männer und Frauen gleichermaßen von heiligen Frauen fasziniert. Denn die Heiligenlegenden erzählen von charismatischen Frauen, die furchtlos und entschieden für ihren christlichen Glauben und ihre moralischen Überzeugungen einstanden und bereit waren, dafür zu sterben. Die Verehrung weiblicher Heiliger konnte bisweilen sogar kuriose Formen annehmen.

So war die heilige Martina, eine römische jungfräuliche Märtyrerin aus dem 3. Jahrhundert, die große platonische Liebe im Leben des berühmten italienischen Barockkünstlers Pietro da Cortona. Er fühlte sich ihr derart verbunden, dass er sie wie eine Lebende betrachtete und symbolisch ein Bankkonto bei der Banca di Roma für sie einrichtete, das noch heute besteht. Bei seinem Tod im Jahr 1669 hinterließ er ihr sein gesamtes Vermögen, das wohltätigen Zwecken zugeführt wurde.

Auch der britische Kunstkritiker Ruskin fühlte sich im 19. Jahrhundert ganz besonders zu heiligen Frauen hingezogen, obwohl er die Rolle der religiösen Malerei in der Moderne für unwichtig hielt. Mit einem Blick auf die Gemälde der alten Meister urteilte er:»Keiner der männlichen Heiligen erreichte den Einfluss der Katharina oder Cäcilia«(Ruskin, Bd. 33, S. 492).

Intelligent und mutig

Eine faszinierende Mischung aus Jugend, Schönheit, Intelligenz, Stärke und Verletzlichkeit machte die weiblichen Heiligen für das christliche Publikum so reizvoll. Eine Musterheilige ist beispielsweise Katharina von Alexandria, die den Maler Caravaggio faszinierte. Die zyprische Königstochter soll besonders schön und intelligent gewesen sein. Sie bestand darauf, dem römischen Kaiser Maxentius in einer Diskussion zu beweisen, dass sie überzeugende Argumente für den christlichen Glauben habe. Der Kaiser berief daraufhin die besten fünfzig Philosophen seines Landes. Und in der Tat konnte Katharina in einer öffentlichen Rede nicht nur ihren Standpunkt verteidigen, sondern auch alle klugen Männer zum Christentum bekehren. Maxentius war so sehr von ihrer Schlagfertigkeit begeistert, dass er ihr anbot, als Königin an seiner Seite zu regieren. Katharina lehnte jedoch ab und wurde daraufhin ins Gefängnis geworfen und gefoltert. Im Hintergrund seines Bildes stellte Caravaggio ihr Folterinstrument dar. Sie wurde auf ein mit Nägeln gespicktes Rad gespannt.

Frauen sind Begierde, Männer sind Geist

Abgesehen von dem jugendlich muskulösen, oftmals unbekleideten Sebastian, gibt es wenige Darstellungen attraktiver, männlicher Heiliger. Eher und öfter waren sie als alte Männer mit Bart wie der Einsiedler Antonius zu sehen.

Doch damit das Publikum dennoch etwas zu bestaunen hatte, entschied sich Paul Delaroche, den heiligen Einsiedler in der Wüste fünf schönen, langhaarigen und völlig unbekleideten Frauen, die ihn streicheln und sich an sein Gewand hängen, auszuliefern. Der heilige Antonius lebte als Eremit im 3. Jahrhundert und führte ein asketisches Leben, wo er von lebhaften Halluzinationen heimgesucht wurde. Seinen Berichten zufolge wurde er in der Einöde vom Teufel in Versuchung geführt. Um die Schwäche des Fleisches zu überwinden, fastete er und bestrafte sich durch Schlafentzug und Selbstgeißelungen.

Doch Frauen stellten für männliche Heilige eine noch größere Versuchung als der Teufel dar. So beschrieb der heilige Johannes Chrysostomos im 4. Jahrhundert Frauen als »ein notwendiges Übel, eine natürliche Versuchung, begehrenswertes Unheil und tödliche Faszination«. Seine Worte zeugen von der tief verwurzelten Vorstellung, dass die Frau für den Mann »gefährlich« sei. Es gibt viele und gern angeführte historische Beispiele dafür, wie Weiberlist die männliche Macht und Autorität schwächte. Im Mittelalter schnitzte man gleichsam als Warnung vor gefährlichen Weibern in die Bänke von Regierungsbeamten Bilder der Judith, die den Feldherrn Holofernes enthauptet hatte, um ihr Volk zu retten. Eine weitere gefährliche Heldin war Delila, die Simson das Haar abschnitt und damit den stärksten Mann der Welt seiner Kräfte beraubte.

»Frauen sind Begierde, und Männer sind Geist, Frauen sind impulsiv, und Männer sind rational.« Was Aristoteles vor über 2000 Jahren formulierte, lebt noch heute in vielen (männlichen) Köpfen weiter. Der griechische Philosoph Aristoteles (384 bis 322 v. Chr.) ging sogar so weit zu behaupten, dass die Seelen von Frauen minderwertig

Theodor van Thulden
Heimsuchung (Die heilige Elisabeth und die Jungfrau), 1660

seien, woraus sich zwangsläufig ergab, dass Frauen Männern unterlegen seien. Aristoteles' Äußerungen wurden an mittelalterlichen Universitäten gelehrt und beeinflussten die mosaischen Religionen. Die katholische Kirche jedoch, die immer schon auf Mitgliederfang war, hatte – wie die Werbeindustrie heutzutage – erkannt, dass sich religiöse Geschichten besser verkaufen, wenn eine schöne und glamouröse Frau darin auftaucht und nicht ein ausgezehrter Eremit mit einem langen Bart.

Doch im Gegensatz zu den listigen Frauen der Antike wie Judith oder Delila war für die Heldinnen des Christentums die Jungfräulichkeit ein entscheidendes Kriterium. Außerdem musste eine Christin, um geachtet zu werden, die moralische Charakterstärke eines Mannes, die diesem qua Geburt unterstellt wurde, an den Tag legen. »Solange die Frau für Geburt und Kinder bestimmt ist, unterscheidet sie sich vom Mann, so wie sich der Körper von der Seele unterscheidet. Doch wünscht sie, Christus mehr als der Welt zu dienen, dann hört sie auf, eine Frau zu sein, und wird ein Mann genannt« – so der heilige Hieronymus, ein bedeutender Theologe des 5. Jahrhunderts (Comm. in Epist. Inserat Ephes. III 5).

Die legendäre Reinheit, Glaubensfestigkeit und Unfehlbarkeit der weiblichen Heiligen inspirierten die vorwiegend männlichen Maler zu großartigen Gemälden. Um die Heiligenporträts für den Betrachter interessanter zu machen, malten die Künstler Frauen mit Sexappeal und versahen ihre Bilder mit erotischen Anspielungen. Diese verschleierte Erotik verfehlte ihre Wirkung nicht, denn sie sprach beim Publikum unterdrückte Begierden an. Allerdings funktionierte diese erfolgreiche Marketingkampagne nicht überall. So stellten sich die Heiligenbilder bei der Missionsarbeit in China eher als hinderlich heraus, da die Damen für asiatische Verhältnisse zu große Füße hatten.

Vom Sexappeal der Sünderinnen

Aber auch die märchenhafte Schönheit, die aufwendigen Gewänder und der luxuriöse Schmuck, mit denen die weiblichen Heiligen auf den Bildnissen verewigt wurden, waren manchen Betrachtern suspekt. Martin Luther, der im 16. Jahrhundert den Protestantismus begründete, war äußerst besorgt, dass sich Gläubige in die Bilder verlieben könnten, statt sich die tugendhaften Heiligen für das eigene Leben zum Vorbild zu nehmen.

Madonnen- und Heiligenbilder galten als wirksamste Exempel, um einer jungen Frau moralische Werte zu vermitteln. So stellte der Genuese Giovanni Balbi im 13. Jahrhundert in seiner religiösen Enzyklopädie *Catholicon* fest: »Beispielhafte Heilige können in unserem Gedächtnis besser wirken, wenn sie täglich dem Auge vorgeführt werden.« Erziehungshandbücher wie die *Regola del governo di cura familiare* von Giovanni Dominici von 1403 empfahlen: »Kleine Mädchen sollten mit dem Anblick der elftausend debattierenden, kämpfenden und betenden Jungfrauen aufgezogen werden. Ich möchte, dass sie Agnes mit dem Lamm sehen, die rosenbekränzte Cäcilia, Katharina auf dem Rad und andere Gestalten, die sie mit der Muttermilch die Liebe zur Jungfräulichkeit, die Sehnsucht nach Christus, den Hass auf die Sünde, Abscheu vor Eitelkeit, Zurückschaudern vor schlechter Gesellschaft aufnehmen lassen und durch die Heiligenbetrachtung zum Beschauen des höchsten Heiligen der Heiligen finden lassen.«

Dennoch stellten die Maler nicht nur die Tugendhaftigkeit, sondern auch die erotische Ausstrahlung der weiblichen Heiligen mal mehr, mal weniger subtil zur Schau. Zurückhaltend sexy malte Caravaggio die heilige Katharina. Tizian dagegen zog Maria Magdalena völlig aus und zeigte sie nackt. Maria aus Magdala gilt als eine der wichtigsten Heiligen der katholischen Kirche. Während und auch nach Jesu Tod blieb sie bei ihm, als alle seine männlichen Jünger furchterfüllt davongelaufen waren. Ihre historische Persönlichkeit ist jedoch umstritten. Papst Gregor der Große bezeichnete sie in einer Predigt im Jahr 591 als jene Sünderin, die Jesus die Füße wusch und mit Balsam salbte. Er bezeichnete sie offiziell als »die Frau, welche die Salbe zuvor verwendet hatte, um ihr Fleisch für verbotene Taten zu parfümieren«. Diese vermutlich auf Übersetzungsfehler zurückgehende Unwahrheit wurde überliefert und bestimmte entscheidend das Bild, das viele Künstler von ihr schufen. Sie wurde als verführerische Sünderin, »Übersünderin«, ehemalige Prostituierte in erotischer Pose, mit langen, fließenden Haaren, bloßen Brüsten und zurückgeworfenem Kopf zur Projektionsfläche diverser Fantasien. Doch die Interpretation der Heiligen als reuige Sünderin hat sich bis heute nicht wesentlich gewandelt. So wird sie noch in Martin Scorseses Film *Die letzte Versuchung Christi* aus dem Jahr 1988 als Verführerin von Jesus gezeigt.

Die Kombination aus unangreifbarem Heiligenstatus und erotischer Extravaganz machten Maria Magdalena zu einem der attraktivsten Pin-up-Girls der Kunstgeschichte. Unter dem Deckmantel eines religiösen Bildes durfte der Betrachter zum Voyeur werden und sich im Geiste verführen lassen. Das Salbgefäß der Sünderin wurde zu ihrem Attribut, genau wie ihre langen, wild fließenden Haare, über die Papst Gregor in seiner Predigt abschätzig geurteilt hatte: »Sie stellte ihr Haar zur Schau, um ihr Gesicht zu betonen.«

Als erlöste Sünderin vergoss die schöne Maria Magdalena Tränen der Reue im Namen der ganzen Menschheit und gewährte auf diese Weise Hoffnung. Als Prostituierte verkörperte sie die gefallene Frau, und im 19. Jahrhundert erreichte diese Assoziation ihren Höhepunkt, als Bußanstalten für widerspenstige Mädchen und Frauen nach ihr benannt wurden.

Geistige Verzückungen und Visionen

Ein Beispiel für die sexuell aufgeladene Bildsprache, der sich die Künstler bei der Inszenierung von himmlischen Erscheinungen oft bedienten, ist die Skulptur der heiligen Teresa von Ávila, die

Gianlorenzo Bernini im Auftrag der Familie Cornaro schuf. Mit dramatischer Intensität schildert der römische Barockbildhauer im 17. Jahrhundert eine Vision der berühmten spanischen Mystikerin, Schriftstellerin und Ordensreformerin. Wie in orgasmischer Trance hat sie ihren Kopf zurückgeworfen, die Augen sind halb geschlossen, die Lippen leicht geöffnet. Ihre geistige Verzückung wirkt auf den Betrachter wie ein sexueller Rausch. Theresa selbst beschrieb eine ihrer Visionen, in der ihr ein Engel lächelnd das Herz mit einem Speer durchbohrte:»Die Süße des intensiven Schmerzes ist so außergewöhnlich, dass man sich ein Nachlassen unmöglich wünscht. Es ist kein körperlicher, sondern ein spiritueller Schmerz, obwohl der Körper Anteil daran hat – sogar erheblichen Anteil.«

Zahnschmerzen, untreue Männer, Depressionen und Geburt

Heilige galten als Vermittler zwischen Himmel und Erde und trugen damit eine große Verantwortung. Ihnen oblag der Schutz von Ländern, Städten oder sogar ganzen Berufsgruppen – so wurde die heilige Genoveva als Schutzpatronin von Paris angerufen und Maria Magdalena als Schutzheilige der Parfümhändler und Friseure.

Die Bilder der Heiligen spielten für den katholischen Glauben eine entscheidende Rolle. So wurde auf dem Zweiten Konzil von Nicäa im Jahr 781 verfügt:»Die dem Bild bezeugte Ehre geht auf das Original über, und wer ein Bild anbetet, betet die dargestellte Person an.« Demnach trugen Madonnen- und Heiligenbilder wesentlich dazu bei, die Religiosität des Betrachters zu stimulieren. Die Gemälde und Skulpturen sollten die Gläubigen dabei unterstützen, von »ihren« Heiligen Gefälligkeiten und Schutz zu erbitten.

Die sogenannte Meyer-Madonna von Hans Holbein illustriert diese Praxis der Heiligenanbetung. Jakob Meyer, der reiche Bürgermeister von Basel und Stifter des Bildes, kniet samt seiner Familie zu Füßen der Madonna mit Kind und betet. Marias Mantel liegt auf der Schulter des Bestellers und symbolisiert göttlichen Schutz

für ihn und seine Familie. Nach dem Tod seiner ersten Ehefrau beauftragte Jakob Meyer den Maler, das Bild zu aktualisieren und das Porträt seiner zweiten Frau einzufügen. Er wollte damit sein Glaubensbekenntnis erneuern und sich die dauerhafte Gunst der Muttergottes sichern.

Während männliche Heilige meist für exotische Berufsgruppen, wie Reisende (Christophorus), Barkeeper (Hermann), Feuerwehrleute (Florian) oder Bibliothekare (Hieronymus), verantwortlich waren, fielen die elementaren menschlichen Bedürfnisse in den Zuständigkeitsbereich weiblicher Heiliger. Wer an Kopfschmerzen litt, rief Theresa von Ávila an, Augenbeschwerden heilte Lucia und Brustkrebs Agatha. Helena sollte bei Depressionen helfen, Margareta

---

Orazio Gentileschi und Giovanni Lanfranco,
Die heilige Cäcilia und ein Engel, um 1617/1618 und 1621–1627

von Antiochia half bei Schwangerschaft und Geburt, und Frauen mit untreuen Männern wandten sich an Elisabeth von Portugal.

Normalerweise ergab sich das Spezialgebiet eines Heiligen aus einem bestimmten Ereignis in seinem Leben. Der Legende nach wurde die heilige Apollonia grausam gefoltert, nachdem sie sich geweigert hatte, den Göttern zu opfern. Erst wurden ihr alle Zähne gezogen, dann wurde sie an einen Marterpfahl gebunden und verbrannt. Seither gilt sie als Patronin der Zahnärzte und wird bei Zahnschmerzen angerufen. Francisco de Zurbarán stellte sie mit einer Zange samt Zahn dar.

Fromme Betrachter erkennen ihre Heiligen sofort an den ihnen zugeordneten Attributen: Ein Augenpaar steht für Lucia, und zwei abgeschnittene Brüste verweisen auf Agatha. Die heilige Margareta führt dagegen oft einen Drachen an der Leine, dessen Drachenbauch sie heil entkommen konnte. Sie wird daher von Frauen, die um eine sichere Geburt ihres Kindes bitten, angerufen. Katharina von Alexandria hält auf vielen Darstellungen das Schwert in der Hand, mit dem sie enthauptet wurde. Da jedoch viele heilige Frauen mit dem Schwert getötet wurden und man Verwechslungen vermeiden wollte, wird sie zusätzlich mit dem zerbrochenen Rad gezeigt, das während ihrer Folter von einem göttlichen Blitz getroffen wurde und zerbarst.

Heilige spielen auch für die Bewältigung kleinerer Probleme des Alltags eine wichtige Rolle. Wenn man etwas verloren hat, ruft man den heiligen Antonius an. Außerdem war es früher üblich, Orte, Einrichtungen und Personen nach den Lieblingsheiligen zu benennen, um sich ihrer Lenkung und Hilfe zu versichern. Zum Beispiel benannten mächtige Familiendynastien ihre Töchter häufig nach der heiligen Anna, der Mutter von Maria. Sie galt als besonders fruchtbar und verkörperte damit die Hoffnung auf zahlreichen Nachwuchs und auf das Fortbestehen der Dynastie.

Himmlische Schutzpatroninnen
für irdische Töchter

Durch Anspielungen auf Heilige konnten Künstler versteckte Botschaften in ihren Bildern unterbringen. In dem Doppelporträt der Schwestern Elizabeth und Dorothy fügte Anthonis van Dyck das Attribut der heiligen Dorothea hinzu, um auf die unbeugsame Charakterstärke der Namensvetterin Dorothy zu verweisen. Die Tochter des Viscounts of Savage, Dorothy, hatte im protestantischen England des 17. Jahrhunderts einen öffentlichen Skandal ausgelöst, als sie den Katholiken Charles Howard heiratete. Van Dyck wollte mit seinem versteckten Hinweis im Bild an die Legende der heiligen Dorothea erinnern. Diese hatte sich geweigert, den heidnischen Statthalter Apricius zu heiraten, und wurde zum Tode verurteilt. Auf dem Weg zu ihrer Hinrichtung verhöhnte sie ein heidnischer Anwalt namens Theophilus und spottete, dass auch er an Jesus glauben würde, wenn sie ihm aus seinem Garten Blumen und Früchte schicken würde. Daraufhin erschien ihm nach Dorotheas Hinrichtung ein Engel mit einem Korb voller Äpfel und Blumen. Kein Wunder, dass sich Theophilus zum Christentum bekehren ließ.

Van Dyck, der selbst Katholik war, spielt hier also, indem er auf das Attribut der heiligen Dorothea im Bild verweist, auf Dorothys Namensheilige an, um die Standhaftigkeit ihrer Liebe und ihres katholischen Glaubens zu verdeutlichen und zu rühmen.

Heiligenlegenden
als Bestseller des Mittelalters

Heilige wie Dorothea, Agnes, Lucia, Barbara, Margareta von Antiochia oder Katharina von Alexandria, die sich in diesem Ausmaß, wie in den Legenden beschrieben, widerspenstig gezeigt haben, hat es wahrscheinlich nie gegeben. Jedenfalls sind ihre Biografien nicht gesichert. Der Überlieferung nach sollen sie aber zur Zeit der Christenverfolgungen gelebt haben, in der man mit Anhängern der

*Tu deinem Leib etwas Gutes,
damit deine Seele Lust hat,
darin zu wohnen.*

von Teresa von Ávila

neuen Religion ja alles andere als zimperlich umging. Die spär-
lichen Eckdaten ihrer Lebensgeschichten wurden in der Folgezeit
märchenhaft ausgeschmückt und die Frauen zu willensstarken, mu-
tigen Märtyrerinnen stilisiert. Das Fehlen von historischen Belegen
veranlasste Papst Paul VI. jedoch im Jahr 1969 dazu, die nach ihnen
benannten Feiertage aus dem römischen Kalender zu streichen. Auf
Druck der Öffentlichkeit hin musste Papst Johannes Paul II. die
populäre Katharina von Alexandria 2004 allerdings wieder in den
Heiligenkalender aufnehmen.

Um 1260 sammelte Jacobus de Voragine die Legenden der beliebtesten männlichen und weiblichen Heiligen. Nach der Erfindung
des Buchdrucks wurde seine *Legenda Aurea* ein internationaler Best-
seller. Der Autor beschreibt moralisierend das abenteuerliche Leben
heiliger Frauen und folgt dabei einem klaren narrativen Muster: Alle
frühchristlichen Heiligen waren Jungfrauen von bemerkenswerter
Schönheit und edler Geburt. Durch ihre Glaubensstärke konnten sie
viele Menschen zum Christentum bekehren. Da sie sich weigerten,
heidnische Götzen anzubeten oder heidnische Männer zu heiraten,
erlitten sie das Martyrium. Die Leser und Künstler genossen die Geschichten von den unbeirrbaren Christinnen, die für ihren Glauben
bereit waren zu sterben. Da eigensinnige Frauen einen besonderen
Reiz ausstrahlen, waren sie ein beliebtes Bildmotiv. Lorenzo Lotto
malte die unerschrockene heilige Lucia, die mit einem Richter über
ihren Glauben debattiert.

Die *Legenda Aurea* enthält jedoch auch einige Texte über histo-
risch gesicherte Persönlichkeiten. Nachdem Konstantin der Große
in seinem Toleranzedikt von Mailand im Jahre 313 die allgemeine
Religionsfreiheit verfügt und damit die Christenverfolgungen be-
endet hatte, übernahmen vor allem Frauen eine bedeutsame Rolle
in der Verbreitung des Christentums. Reiche und gebildete Adlige
gaben ihren Besitz gänzlich auf, widmeten sich der Mildtätigkeit
und unterstützten die neue religiöse Bewegung finanziell. Zeugen
berichten von ihrer asketischen Lebensführung und der Armut, die
sie sich selbst auferlegten.

Eine dieser Frauen war die heilige Paula, eine reiche römische Patrizierin, die Hieronymus auf seiner Reise zu heiligen Stätten in Palästina begleitete und ihn mit ihren Griechischkenntnissen beim Übersetzen der Bibel unterstützte.

Schönheit der Seele oder die perfekte Frau

Die Schönheit einer Frau galt seit jeher als äußeres Zeichen ihrer inneren Reinheit und Keuschheit. Aber wichtiger war die seelische Schönheit, wie der Gelehrte und Architekt Leon Battista Alberti im 15. Jahrhundert in seinem Buch über die Familie festhielt: »Schönheit wird nicht nur nach der Liebenswürdigkeit des Gesichts beurteilt, sondern mehr noch nach der Liebenswürdigkeit in ihrer Person, Schönheit ist rechtes Benehmen, und für lobenswertes rechtes Benehmen sind Bescheidenheit und Reinheit am wichtigsten.« Das Renaissancedenken war beeinflusst von der platonischen Vorstellung, dass ein schöner Körper eine ebenso wertvolle Seele enthalte. Deshalb riet man Frauen, sich während Schwangerschaft und Geburt schöne Bilder anzusehen, um attraktive, tugendhafte Kinder auf die Welt zu bringen.

Der Inbegriff des reinen spirituellen Lebens war Maria, die Himmelskönigin, und deshalb wurde sie als die schönste weibliche Heilige dargestellt. Sowohl für die Christen als auch für Muslime ist sie die perfekte Frau. Im Koran kommt Maria als eine der »vier perfekten Frauen« vor, die für ihre Keuschheit und ihr Gottvertrauen gerühmt werden. Nach dem Matthäus- und dem Lukas-Evangelium hatte Maria als Jungfrau ihr Kind Jesus nicht auf natürlichem Wege, sondern durch den Heiligen Geist empfangen. Die frühen Theologen glaubten fest an die Heiligkeit der von Gott bestimmten Jungfräulichkeit, die von grundlegender Bedeutung für die katholische Lehre und die Entwicklung des Zölibatgedankens war.

Wie die Jungfrau ausgesehen haben mochte und wie sie zu malen sei, wurde in Kleriker- und Künstlerkreisen immer wieder erörtert. Auf die Frage nach dem Aussehen der Maria hatte

der Dominikanermönch Gabriel Barletta die beste Antwort parat: »Sie fragen: War die Madonna dunkelhaarig oder blond? Albertus Magnus sagt, sie war nicht einfach dunkelhaarig noch einfach rothaarig noch einfach blond. Denn jede dieser Farben gibt aus sich selbst heraus einer Person eine gewisse Unvollkommenheit. Darum sagt man: ›Gott schütze mich vor einem rothaarigen Lombarden‹ oder ›Gott schütze mich vor einem schwarzhaarigen Deutschen‹

Frederick Sandys, *Heilige Maria Magdalena*, um 1858–1860

oder vor einem ›blonden Spanier‹ oder ›vor einem Belgier beliebiger Farbe‹. Maria war eine Vermischung von Farben und hatte an allen teil, weil ein Gesicht, das an allem teilhat, ein schönes Gesicht ist.« Die meisten Künstler brachten die Reinheit der Maria durch ihre jugendliche Erscheinung zum Ausdruck. In ihren Zügen spiegeln sich die jeweiligen Schönheits- und Tugendideale der Zeit. Mit schicklich gesenktem Blick und versiegeltem Mund entspricht ihre dezente, doch sinnliche Erscheinung den allgemeinen Erwartungen an die Keuschheit der Muttergottes.

Angeblich konnte ja nur ein Maler mit makellos tugendhaftem Charakter die Reinheit der Madonna richtig malen. Zu diesen gehörte der Überlieferung nach der Barockmaler Guido Reni. Der Kunsthistoriograf Carlo Cesare Malvasia beschrieb in einem seiner zahlreichen Bücher, wie die Madonna höchstpersönlich dem berühmten Maler erschien, um ihn für die große Demut und Schönheit zu loben, mit der kein anderer Künstler sie jemals gemalt habe (Malvasia, 1678, II, 53).

Dagegen widersetzte sich der römische Maler Caravaggio den Darstellungskonventionen des 17. Jahrhunderts. Er suchte sich seine Modelle nicht in adligen Kreisen, sondern in den einfachsten Vierteln Roms. In seinen Altarbildern verwandelte er reale Bettler und Prostituierte mit schmutzigen Füßen in biblische Gestalten. Der bemerkenswerte Realismus seines Bildes *Der Tod Mariens* (1606, Louvre, Paris) schockierte den Schriftsteller Giulio Mancini. Er urteilte:»So mag man verstehen, wie schlecht einige heutige Künstler malen, etwa jene, die irgendeine Dirne aus Ortaccio malen, wenn sie die Jungfrau Maria darstellen möchten, wie Michelangelo da Caravaggio es bei dem Bild *Der Tod Mariens* für Madonna della Scala getan hat.«

Schiffe stranden an Felsen, menschliche Beziehungen oft schon an Kieselsteinen.

von EDITH STEIN

Magdalenenmeister (Werkstattarbeit),
Die weinende Maria Magdalena, um 1525

Im Schutz der Klöster

In den Sechzigerjahren kritisierte die Amerikanerin Helen Gurley Brown, die legendäre Chefredakteurin der Zeitschrift *Cosmopolitan*, moderne Frauen hätten so sündenfrei zu leben wie weibliche Heilige im Mittelalter. Mit dem berühmten Slogan »Good girls go to heaven, bad girls go everywhere« rief sie ihre Zeitgenossinnen bereits in den Sechszigerjahren auf, zu tun und zu lassen, wozu sie Lust hätten: Karriere im Job, Genuss von Luxus – und vor allem die Verführung der Männer ohne falsche Scham.

Gurley Brown setzte sich für die vom Mann unabhängige Frau ein: »Die Singlefrau zeichnet sich eher dadurch aus, was sie tut, als zu wem sie gehört«, schrieb sie in ihrem Buch *Sex und ledige Mädchen* im Jahr 1962. Es gehört zur Ironie der Geschichte, dass sich die Frauen im Mittelalter und in der Renaissance gerade durch eine jungfräuliche Lebensweise ihre Eigenständigkeit gegenüber den Männern sicherten – also nur als »Singlefrauen« eine gewisse Unabhängigkeit erreichen konnten.

Dichterinnen, Malerinnen, Musikerinnen und Missionarinnen fanden im Klosterleben oft emotionalen Schutz und intellektuelle Förderung. Die Nonne Plautilla Nelli (1523–1588) war die erste Malerin in Florenz und bescherte ihrem Orden mit ihrer Tätigkeit ein beträchtliches Einkommen. Im 17. Jahrhundert gründeten abenteuerlustige Karmeliterinnen unter der Führung von Angelica Baitelli Klöster in der Neuen Welt, um dort die moralischen Vorstellungen Europas zu predigen. Klöster lieferten Strukturen, damit Frauen für das Gemeinwohl Sorge tragen konnten. Die Gründerin der Ursulinen, Angela Merici aus Brescia (gest. 1540), eröffnete eine kostenlose Mädchenschule und förderte auf diese Weise entscheidend das italienische Bildungssystem.

Poussins Gemälde zeigt die heilige Rita aus Umbrien. Ihr Wunsch, in das Augustinerinnenkloster von Cascia einzutreten, war so stark, dass sie auf wundersame Weise auf Wolken dorthin gebracht wurde. Wie so viele ihrer »Heiligen Schwestern« konnte

Rita dank ihrer Glaubensstärke große Hindernisse auf dem Weg ins Kloster überwinden. Das verschaffte ihr den Ruf, bei scheinbar aussichtslosen Anliegen helfen zu können. Einflussreiche Frauen wie Klara von Assisi und Katharina von Siena gingen gegen den Widerstand ihrer Familien ins Kloster. Doch die Institution der Kirche bezog zuweilen Stellung gegen weibliche Klosteraktivitäten, vor allem, wenn diese zu einer unkontrollierbaren Eigenständigkeit führten: Die energische englische Nonne Maria Ward (1585–1645) setzte sich gegen die Autorität des Papstes durch und für die Bildung von Frauen ein; allen Widrigkeiten zum Trotz gründete die zielstrebige Theresa von Ávila (1515–1582) zahlreiche Klöster, um Frauen einen asketischen Lebensstil, spirituelle Konzentration und innere Kontemplation zu ermöglichen.

Martin Luther war mit solchen Aktivitäten gar nicht einverstanden. In der Bibel konnte er kein Zölibatsgebot entdecken, und so heiratete er folglich – eine Nonne. Mit Beginn der protestantischen Reformation wurden viele Klöster geschlossen, doch die vermeintliche Befreiung der Frauen gefiel nicht allen. Die gelehrte Nonne Caritas Pirckheimer, eine Zeitgenossin Luthers, verteidigte vehement das Recht der Frau auf das Klosterleben, denn nur dadurch könne man einem konventionellen Leben entfliehen und einem Beruf nachgehen. Luthers Ansicht entspricht dagegen dem Standpunkt, wonach die strengen Regeln des Klosterlebens die Entfaltung der Persönlichkeit der Frau einschränkten. Ein Thema, das dem bewegenden Film *Geschichte einer Nonne* von 1959 mit Audrey Hepburn zugrunde liegt.

Im 20. Jahrhundert hatten die Frauen längst die Möglichkeit, ein selbstbestimmtes Leben zu führen. Und Audrey Hepburn alias Schwester Lukas wird hiervon auch Gebrauch machen und die ebenso schützenden wie einengenden Mauern des Klosters verlassen. Im Mittelalter aber war häufig nur unter dem Schutzmantel des Klosters eine Beteiligung der Frauen an kirchlicher und weltlicher Macht möglich.

Visionäre Klosterfrauen

Eine der großen Klosterfrauen, die ihre Möglichkeiten virtuos nutzte, war die außerordentlich gebildete Hildegard von Bingen (1098–1179). Sie wird heute noch aufgrund ihrer vielfältigen Begabungen als Wissenschaftlerin, Ärztin, Dichterin, Künstlerin und Mystikerin geschätzt. Visionen ließen die Heilige im Alter von 42 Jahren die Berufung zum Schreiben fühlen. Es war, also ob sich »die Himmel öffneten und blendendes Licht von außergewöhnlichem Glanz durch (ihr) ganzes Gehirn strömte«. Erst durch ihre übernatürlichen Erfahrungen konnte sie das Gefühl der Unzulänglichkeit überwinden: »Wegen Zweifeln und der geringen Meinung von mir selbst und wegen der Reden von verschiedenen Männern widerstand ich lang dem Ruf zu schreiben.« Sie befasste sich mit allen Lebensaspekten. Neben ihren mystischen und heilkundlichen Schriften korrespondierte sie mit Päpsten, Kaisern und einflussreichen Geistlichen und lieferte der wissenschaftlichen Forschung eine der frühsten Beschreibungen sexueller Lust aus der Sicht der Frau: »Ist die Frau in Vereinigung mit dem Manne, so kündet die Wärme in ihrem Gehirn, die das Lustgefühl in sich trägt, den Geschmack dieses Lustgefühls bei der Vereinigung vorher an.« In ihren medizinischen Schriften wirbt sie für ein Gleichgewicht der Seele, das nur von einem gesunden Menschen ausgehen könne. Wie wahr und klug!

Noch nicht heilig

Und Hildegard von Bingen würde von Edith Stein, die für den Respekt und die Förderung der geistigen Qualitäten der Frauen fast 1000 Jahre später eintrat, angetan gewesen sein. Vielleicht hätte sie sich aber auch ein bisschen darüber gewundert, in welch kleinen Schritten sich die Entwicklungsmöglichkeiten der Frauen vollzogen haben. Die 1998 heiliggesprochene Nonne und Märtyrerin Edith Stein (1891 bis 1942) stellt einen neuen Typus der weiblichen Heili-

Francesco del Cossa, *Heilige Lucia*, um 1473/1474

gen dar. Für Edith Stein ergänzen die Unterschiede zwischen Mann und Frau einander und sind nicht hierarchisch. Als tiefgründige Philosophin betonte sie, wie überaus wichtig es für die Gesellschaft sei, dass sich in jedem Beruf auch Frauen finden. Sie ermutigte Frauen sogar entschieden dazu, sich in das politische Leben einzumischen, und erklärte:»Die Nation braucht, was wir sind.« Edith Stein wurde im Konzentrationslager Auschwitz gemeinsam mit ihrer Schwester Rosa umgebracht. Das Kloster konnte die jüdische Konvertitin nicht retten, nachdem ihre eigene Priorin den Nazis ihre jüdische Abstammung verraten hatte. Da eine Flucht aus Holland in die Schweiz nur ohne ihre Schwester möglich gewesen wäre, stellte sie sich ihrer Verhaftung mit den Worten:»Komm, wir gehen für unser Volk.«

Keine Märtyrerin, aber für viele eine Heilige war die im indischen Kalkutta wirkende Mutter Teresa. Die Missionarin, über die man auch als »Heilige der Gosse« sprach, trug stets einen weißen Sari. In unermüdlicher Fürsorge verhalf sie vielen der Ärmsten der Armen zu einem würdevollen Leben und einem würdevollen Tod. Ihr Denken und Handeln brachten ihr die Achtung einflussreicher Politiker und die Kritik von Feministinnen ein. So bezeichnete sie Germaine Greer einmal als »Glamourgirl der Armut« und warf ihr vor, von Diktatoren Geld anzunehmen. Doch nicht die künstlerischen Arbeiten großer Maler oder die ihr zugeschriebenen Legenden haben das Werk von Mutter Teresa in aller Welt bekannt gemacht, sondern die journalistische Fotografie. Und so urteilte die *Catholic Times* auch 1997, dass ohne den Reporter Malcolm Muggeridge man vielleicht nie von der großen Leistung dieser kleinen, starken Frau erfahren hätte, deren Heiligsprechungsprozess 1999 eröffnet wurde. Von Mutter Teresa stammt der tiefgründige Satz:»Niemand hat ein Recht auf ein Übermaß an Wohlstand.«

Die meistfotografierte Frau des 20. Jahrhunderts aber war Diana, Princess of Wales, die in derselben Woche wie Mutter Teresa starb. Als ob das Bild der charismatischen Diana nach dem Vorbild der heiligen Adligen der *Legenda Aurea* gestaltet worden wäre, setzt es sich aus einer Mischung aus Schönheit, Jugend, vornehmer Herkunft, Mildtätigkeit und Leiden zusammen. Die Verehrung, die ihr nach ihrem Tod zuteilwurde, sprengte jede Vorstellungskraft. Diana wurde zu einer Heiligen stilisiert, auf die eine nüchterne Welt gewartet zu haben schien. Und Elton John dichtete anlässlich ihrer Trauerfeier: »Jetzt bist du im Himmel, und die Sterne buchstabieren deinen Namen. Deine Kerze ist viel zu früh erloschen, deine Legende wird niemals vergehen.« Dass so viele Legenden Jahrtausende überlebt haben, in fernste Länder exportiert wurden und bis heute fortwirken, lässt sich nur mit der großen Faszination erklären, die die heiligen Frauen auf die Menschheit hatten. Der Glaube an Wunder und Hilfe in Not hat an seiner Aktualität indessen nichts verloren.

ANTJE SOUTHERN

Register

Bildnachweis